谢作黎　曾宣伟　主编

走近丰子恺100课

上

群言出版社
QUNYAN PRESS
·北京·

图书在版编目（CIP）数据

走近丰子恺 100 课 . 上册 / 谢作黎，曾宣伟主编 . --
北京：群言出版社，2022.9
ISBN 978-7-5193-0676-2

Ⅰ. ①走… Ⅱ. ①谢… ②曾… Ⅲ. ①素质教育—小
学—教学参考资料 Ⅳ. ①G621

中国版本图书馆 CIP 数据核字（2021）第 210551 号

责任编辑：张文斌
封面设计：李士勇

出版发行：群言出版社
地　　址：北京市东城区东厂胡同北巷 1 号（100006）
网　　址：www.qypublish.com（官网书城）
电子信箱：qunyancbs@126.com
联系电话：010-65267783　65263836
法律顾问：北京法政安邦律师事务所
经　　销：全国新华书店

印　　刷：北京九天鸿程印刷有限责任公司
版　　次：2022 年 9 月第 1 版
印　　次：2022 年 9 月第 1 次印刷
开　　本：787mm × 1092mm　1/16
印　　张：6
字　　数：85 千字
书　　号：ISBN 978-7-5193-0676-2
定　　价：39.80 元

《走近丰子恺100课》编委会

顾　问　章胜阔　王德平　杨子耘　董建生

主　编　谢作黎　曾宣伟

副主编　金　静　朱植珊

编　者（按姓氏音序排列）

陈金兵　陈　静　陈　娜　丁　阳　高　蕾

胡丹弘　胡蘅蘅　倪伟娣　孙　静　沈恬恬

汪湖瑛　王纯丛　翁　楠　姚　珏　袁恩东

2020年9月22日，国家天文台将1998年11月9日在兴隆观测站发现的一颗小行星正式命名为“丰子恺星”，国际永久编号为79811。能够获得小行星命名是世界公认的一项特殊荣誉，这是社会对丰子恺先生艺术思想、文化成就、卓越贡献和人格魅力的高度褒奖。

丰子恺先生是中国现代著名散文家、画家、书法家、翻译家和美术、音乐教育家，也是中国新文化运动的启蒙者之一。他是浙江嘉兴桐乡石门镇人，而祖籍则是金华市婺城区汤溪镇黄堂村。1996年，丰先生的女儿丰一吟等人回祖籍地，归宗黄堂。

2013年，一所九年一贯制学校（金华市金西丰子恺学校）在汤溪镇诞生，当时隶属省一级重点中学汤溪中学管理。2018年，学校独立设置，由上海新纪元教育集团管理，更名为上海新纪元金华丰子恺学校。此次更名意在从当地名人文化资源中汲取营养，坚定学校特色发展之路，体现学校勇担文化传承的责任与使命，也寄托了一种教育愿景——用丰子恺先生作品的光芒照亮每一个孩子前行的道路，让作品中的美与精神成为信息化时代孩子们心中永恒的温暖星空。

学校以丰子恺先生“努力惜春华”一画题为校训，以“一馆一轩两社100课”架构丰子恺文化特色课程。“一馆”即丰子恺纪念馆，投资80万元，占地近300平方米；“一轩”即丰雅轩，是学校图书馆及教师研习所；“两社”即丰子恺书画社和丰子恺文学社，是培养学生兴趣和特长的平台；“100课”即本课程，分上中下三册，分别供一至三年级、四至六年级、七至九年级学生使用。

本课程采用融入式课程理念进行编写，将丰子恺作品与中小学语文、美术、音乐、道德与法治等课程中的内容建立起意义连接，选择适当的知识点，再根据学生的认知规律和经验构建学习转化体系。这个过程既强化了国家课程（义务教育教科书）的学习功能，又使校本课程的学习获得了生长的空间和血液。

本书所引丰子恺先生文章均依据浙江文艺出版社和浙江教育出版社于1990年出版的《丰子恺文集》作了统一校订。本书编写工作量浩大，限于编者水平，不足之处在所难免，敬请批评指正。本书的编写得到丰子恺先生后人杨子耘等的帮助和支持，在此一并致谢！

目录 CONTENTS

第1课　动物的歌（上）　001

第2课　动物的歌（下）　004

第3课　庐山面目　007

第4课　黄山印象　009

第5课　柳　012

第6课　胡桃云片　016

第7课　有情世界　020

第8课　敬礼　024

第9课　暑假——父亲丰子恺轶事　028

第10课　理发师　031

第11课　画家笔下的童年玩具　034

第12课　芥子园的趣味　038

第13课　劳作者的歌　042

第14课　山芋版画　045

第15课　自己割了耳朵的画家　048

第16课　动物故事画　052

第17课　三原色　056

第18课　画诗　059

第19课　手指　062

第20课　中国画中山的远近　065

学习指导及教学建议　069

参考答案　071

第1课

动物的歌（上）

你喜欢小动物吗？我们学习了许多关于小动物的课文，如《青蛙写诗》《小蜗牛》《小公鸡和小鸭子》《动物王国开大会》等。下面我们来看看画家笔下的动物世界，你会有不一样的收获。

学习活动

丰子恺先生的画

1-1-1

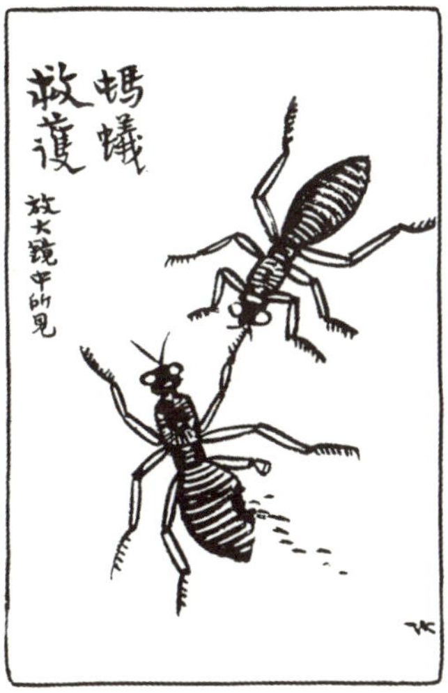

1-1-2

1-1-3

活动一　请仔细观察上面三幅图，说一说画面中是什么动物，你知道它们在做什么吗？

1-1-4

1-1-5

1-1-6

活动二 请仔细观察上面三幅图，说一说画面中是什么动物，它们会和画中的人说点什么呢？

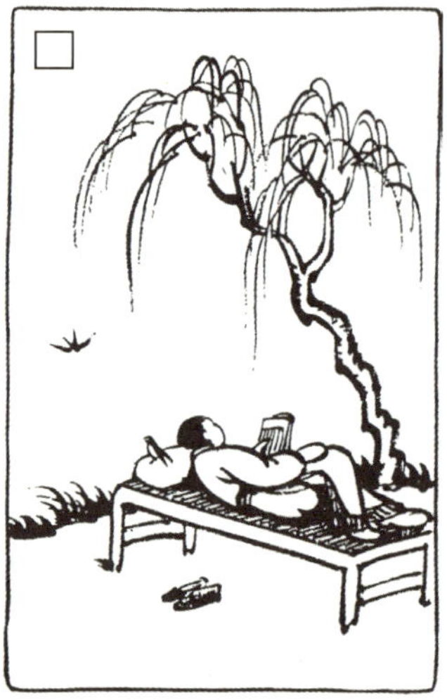

1-1-7

1-1-8

1-1-9

活动三 请仔细观察上面三幅图，图中的方框处各有一个标题，你知道分别是哪句吗？请将字母序号填在方框内。

A.燕子飞来枕上　　B.叫落满天星　　C.好鸟枝头亦朋友

学习拓展

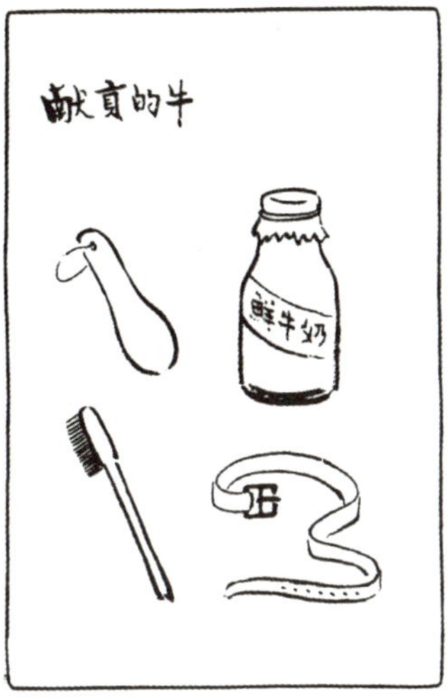

1-1-10

1-1-11

1-1-12

活动一 你能说出这三幅图的内容，并说说自己的感受吗？

资料链接

《护生画集》全套共六集，于1927年开始出版第一集。这套书第一、第二集由丰子恺先生作画，弘一大师题写诗文。画集共450幅作品，并不是一口气画完的，从开始创作到全部完成，前后长达46年。书中画作的主题主要是表现“仁爱”，传达人与动物平等的观念，告诉人们要与自然万物和谐相处。

第2课

动物的歌（下）

《青蛙写诗》《小蜗牛》《小公鸡和小鸭子》《动物王国开大会》，这些课文让我们看到了别样的动物世界。除了它们，还有许许多多可爱的动物，让我们用友爱的眼光再来欣赏一番吧。

学习活动

丰子恺先生的画

1-2-1

1-2-2

1-2-3

活动一 请仔细观察上面三幅图，说一说画面中的动物在做什么。

1-2-4

1-2-5

1-2-6

活动二 请仔细观察上面三幅图，你能给图片配一句合适的儿歌或诗歌吗？

1-2-7

1-2-8

1-2-9

活动三 请仔细观察上面三幅图，并根据这三幅图编一则小故事。

学习拓展

1-2-10

1-2-11

1-2-12

活动一 仔细观察上面三幅图，说说画面的主要内容和你的感受。想一想，这三幅图里的小动物有什么共同点？

第3课

庐山面目

“飞流直下三千尺，疑是银河落九天”，让我们对庐山风光充满了憧憬。古往今来，多少文人墨客慕名前往，一睹美景，丰子恺先生笔下的庐山又会是什么样子呢？

学习活动

这一天天气晴朗。凭窗远眺，但见近处古木参天，绿阴（yīn）蔽（bì）日①；远处岗峦（luán）起伏②，白云出没（mò）。有时一带树林忽然不见，变成了一片云海；有时一片白云忽然消散，变成了许多楼台。正在凝望之间，一朵白云冉冉（rǎn）而来，钻进了我们的房间里。倘（tǎng）是幽人雅士③，一定大开窗户，欢迎它进来共住；但我犹④未免为俗人，连忙关窗谢客。我想，庐山真面目的不容易窥（kuī）见，就为了这些白云在那里作怪。

（节选自《丰子恺文集·文学卷二》）

【注释】

①绿阴蔽日：绿荫遮蔽天空和太阳。

②起伏：这里是指山峦与白云缭绕的样子。

③幽人雅士：指有学问、情操高尚的人。

④犹：还。

活动一 这段话写了庐山的哪些景物？

活动二 你能结合文中写的景物及特点，仿写一句诗吗？

学习拓展

然而庐山给我的总是好感，在饮食方面也有好感：青岛啤酒开瓶的时候，白沫四散喷射，飞溅到几尺之外。我想，我在上海一向喝光明啤酒，原来青岛啤酒气足得多。回家赶快去买青岛啤酒，岂知开出来同光明啤酒一样，并无白沫飞溅。啊，原来是海拔一千五百公尺的气压的关系！庐山上的啤酒真好！

（节选自《丰子恺文集·文学卷二》）

活动一 读一读上面这段文字，你认为它写出了庐山的什么特点？

第4课

黄山印象

黄山“四绝”之一的怪石，以奇取胜，以多著称，被命名的怪石有上百处，比如二年级课文《黄山奇石》里提到的“仙桃石”“猴子观海”“仙人指路”“金鸡叫天都”等。那黄山的奇松呢？来看看吧。

学习活动

黄山松

黄山松枝条具有异常强大的团结力。狮子林附近有一株松树，叫做“团结松”。五六根枝条从近根的地方生出来，密切地偎（wēi）傍①着向上生长，到了高处才向四面分散，长出松针来。因此这一束树枝就变成了树干，形似希腊殿（diàn）堂的一种柱子。我谛（dì）视②这树干，想象它们初生时状态：五六根枝条怎么会合伙呢？大概它们知道团结就是力量，可以抵抗高山上风吹、雨打和雪压，所以生成这个样子。如今这株团结松已经长得很粗、很高。我伸手摸摸它树干。觉得像铁铸（zhù）一般。即使十二级台风，漫天大雪，也动弹它不了。更有团结力强得不可思议的松树呢：从文殊院到光明顶途中，有一株松树，叫做“蒲（pú）团松”。

这株松树长在山间一小块平坡上，前面砂（shā）土上筑着石围墙，足见这株树是一向被人重视。树干不很高，不过一二丈，粗细不过合抱光景③。上面枝条向四面八方水平放射，每根都伸得极长，足有树干高度两倍。这就是说：全体像个“丁”字，但上面一划长度大约相当于下面一直的长度的四倍。这一划上面长着丛密松针，软绵绵的好像一个大蒲团，上面可以坐四五个人。靠近山一面的枝条，梢头略微向下。下面正好有一个小阜（fù），和枝条梢（shāo）头相距不过一二尺。人要坐这蒲团，可以走到这小阜上，攀（pān）着枝条，慢慢地爬上去。陪我上山的向导告诉我："上面可以睡觉的，同沙发床一样。"我不愿坐轿（jiào），单请一个向导和一个服务员陪伴着，步行上山，两腿走得相当吃力了，很想爬到这蒲团上去睡一觉。

（节选自《丰子恺文集·艺术卷二》）

【注释】

①偎傍：挨近；紧靠。

②谛视：仔细地看。

③光景：状况、情景。

活动一 读一读，说说黄山奇松"奇"在哪些方面？

活动二 作者是怎样写"团结松"的？请按照"先写……接着写……再写……"的句式说一说。

学习拓展

（　　）的黄山

看山，普通总是仰起头来看的。然而黄山不同，常常要低下头去看。因为黄山是群山，登上一个高峰，就可俯瞰（kàn）[①]群山。这教人想起杜甫的诗句"会当凌（líng）绝顶，一览众山小！"[②]而精神为之兴奋，胸襟（jīn）为之开朗。我在黄山盘桓（huán）[③]了十多天，登过紫云峰、立马峰、天都峰、玉屏峰、光明顶、狮子林、眉毛峰等山，常常爬到绝顶。

在黄山中，不但要低头看山，还要面面看山。因为方向一改变，山的样子就不同，有时竟完全两样。例如，从玉屏峰望天都峰，看见旁边一个峰顶上有一块石头很像一只松鼠，正在向天都峰跳过去的样子。这景致就叫“松鼠跳天都”。然而爬到天都峰上望去，这松鼠却变成了一双鞋子。又如手掌峰，从某角度望去竟像一个手掌，五根手指很分明。然而峰回路转，这手掌就变成了一个拳头。其他如“罗汉拜观音”“仙人下棋”“喜鹊登梅”“梦笔生花”“鳌（áo）鱼驮金龟”等景致，也都随时改样，变幻无定。

翻山过岭了好几天，最后逶（wēi）迤（yí）④下山，到云谷寺投宿。我躺在云谷寺宿舍门前的藤椅里，卧看山景，但见一向异常地躺在我脚下的白云，现在正常地浮在我头上了，觉得很自然。它们无心出岫（xiù）⑤，随意来往；有时冉冉而降，似乎要闯进寺里来访问我的样子。我便想起某古人的诗句：“白云无事常来往，莫怪山僧不送迎。”好诗句啊！

（节选自《丰子恺文集·艺术卷二》）

【注释】

①俯瞰：指俯视，从高处往下看。

②会当凌绝顶，一览众山小：出自杜甫《望岳》，意思是终有一天我一定会登上最高峰，到那时俯瞰这些山都变得渺小了。

③盘桓：徘徊，逗留。

④逶迤：形容道路、山脉、河流等弯弯曲曲、延续不绝的样子。

⑤岫：山穴。

活动一 请找出文中写山的古诗句，用横线画出来。你知道这句诗描写的是哪座山吗？你还知道哪些写山的诗句？

活动二 根据文中所写的事物和特点，将题目“□□的黄山”补充完整并说说理由。

活动三 你去过黄山吗？请结合自己的游览经历为此文配图，也可用图画展现自己游览其他山的经历。

第5课

柳

“不知细叶谁裁出，二月春风似剪刀。”“草长莺飞二月天，拂堤杨柳醉春烟。”柳枝发芽，春天来临；杨柳依依，春雨绵绵；烟柳满都，绿肥红瘦。柳，是最具春意的景致，也是最富诗意的意象。

学习活动

杨 柳

我赞杨柳美丽，但其美与牡丹不同，与别的一切花木都不同。杨柳的主要的美点，是其下垂。花木大都是向上发展的，红杏能长到“出墙”，古木能长到“参天”。向上原是好的，但我往往看见枝叶花果蒸蒸日上，似乎忘记了下面的根，觉得其样子可恶；你们是靠他养活的，怎么只管高踞在上面，绝不理睬他呢？你们的生命建设在他上面，怎么只管贪图自己的光荣，而绝不回顾处在泥土中的根本呢？花木大都如此。甚至下面的根已经被砍，而上面的花叶还是欣欣向荣，在那里作最后一刻的威福，真是可恶而又可怜！

杨柳没有这般可恶可怜的样子：它不是不会向上生长。它长得很快，而且很高；但是越长得高，越垂得低。千万条陌头细柳，条条不忘记根本，常常俯首顾着下面，时时借了春风之力，向处在泥土中的根本拜舞，或者和它亲吻。好像一群活泼孩子环绕着他们的慈母而游戏，但时时依傍到慈母的身边去，或者扑进慈母的怀里去，使人看了觉得非常可爱。杨柳树也有高出墙头的，但我不嫌它高，为了它高而能下，为了它高而不忘本。

自古以来，诗文常以杨柳为春的一种主要题材。写春景曰“万树垂杨”，写春色曰“陌头杨柳”，或竟称春天为“柳条春”。我以为这并非仅为杨柳当春抽条的原故。实因其树有一种特殊的姿态，与和平美丽的春光十分调和的原故。这种姿态的特殊点，便是“下垂”。不然，当春发芽的树木不知凡几，何以专让柳条作春的主人呢？

（节选自《丰子恺文集·文学卷一》）

活动一 想一想，作者借杨柳的“下垂”来告诉我们做人的什么道理？

活动二 试一试，抓住杨柳的其他特点写一段话，寄寓自己独特的认识。

学习拓展

丰子恺先生的画

1-5-1

1-5-2

1-5-3

1-5-4

活动一 仔细观察上面四幅图，说说你的发现。

活动二 请为下面这首诗配一幅画。

溪西柳

溪西杨柳碧条条，堤上春来似舞腰。
只恨年年怨摇落，不堪回首认前朝。

第6课

胡桃云片

同学们一定吃过不少糕点吧？在丰老先生眼里，糕点的魅力不全在口味，他喜欢用眼睛“吃东西”。一片小小的云片糕，也会引出很多有趣的想象呢。

学习活动

胡桃[1]云片

云片糕，这个名词高雅得很。云片二字是糕的色彩形状的印象的描写。其白如云，其薄如片，名之曰云片，真是高雅而又适当。假如有一片糕向空中不翼而飞，我们大可用古人“白云一片去悠悠”之句来题赞这景象。若把云片二字专用于胡桃云片上，那么我就另有一种更有趣味的看法。

胡桃云片，本是加有胡桃的云片糕的意思。想象它的制法，大约是把一块一块的胡桃肉装入米粉里，做成一段长方柱形，然后用刀切成薄薄的片。胡桃肉的形体本是非常复杂，现在装入糕中而切成片子，就因了它的位置、方向，及各部形体的不同，而在糕片上显出变化多样的形象来。试切下几片糕来，不要立刻塞进口里，先来当作小小的画片观赏一下。有许多极自然的曲线，描出变化多样的形象，疏疏密密地排列在这些小小的画片上。倘就各个形象看：有的像果物，有的像人形，有的像鸟兽，还有许多像台湾。古人诗云：“人似秋云散处多。”秋天的云，大都是一朵一朵地分散而疏密无定的。这颇像胡桃云片上的模样。故我每吃胡桃云片便想起秋天，每逢秋天便想吃胡桃云片。

松江人似乎曾在胡桃云片上发见[②]了这种画意的。他们所制的糕，不像别处的产物似地仅在云片中嵌入胡桃肉，他们在糕的四周用红色的线条作一黄金律[③]的缘[④]，而把胡桃的断面装点在这缘线内。这宛如在一幅中国画上加了装裱，或是在一幅西洋画上加了镜框，画的意趣更加焕发了。这些胡桃肉受了缘的隔离，已与实际的世间绝缘，不复是可食的胡桃肉，而成为独立的美的形体了。

因这缘故，松江的胡桃云片使我特别欢喜。辞了松江的教职以后，我不能常得这种胡桃糕，但时时要想念它。读者也许要笑："你想吃松江胡桃糕，何必絮絮叨叨地说出这一大篇！"不，不，我要吃糕很容易：到江湾街上去买两百文胡桃肉，七个铜板云片糕，拿回家来用糕包裹胡桃肉，闭了眼睛塞进嘴里，嚼起来味道和松江胡桃云片完全一样。我的想念松江胡桃云片，是为了想看。至少，半是为了想看，半是为了想吃。若要说吃，我吃这种糕是并用了眼睛和嘴巴而吃的。

（节选自《丰子恺文集·文学卷一》）

【注释】

①胡桃：即核桃。

②发见：即发现。

③黄金律：又称黄金分割律，是一种分割比例关系。此处指云片糕的长宽比例合适。

④缘：边。

活动一 根据课文填出下表中空缺的内容。

名称	产地	材料	做法	味道
胡桃云片				

活动二 读一读，请划出你认为最有趣味的句子，分享给同学，并说说理由。

学习拓展

自七八月起直到冬天，父亲平日的晚酌（zhuó）[①]规定吃一只蟹，一碗隔壁豆腐店里买来的开锅热豆腐干。他的晚酌，时间总在黄昏。八仙桌上一盏洋油灯，一把紫砂酒壶，一只盛热豆腐干的碎磁盖碗，一把水烟筒，一本书，桌子角上一只端坐的老猫，我脑中这印象非常深刻，到现在还可以清楚地浮现出来。我在旁边看，有时他给我一只蟹脚或半块豆腐干。然我喜欢蟹脚。蟹的味道真好，我们五个姊（zǐ）[②]妹兄弟，都喜欢吃，也是为了父亲喜欢吃的原故。只有母亲与我们相反，喜欢吃肉，而不喜欢又不会吃蟹，吃的时候常常被蟹螯（áo）上的刺刺开手指，出血；而且抉（jué）剔（tī）[③]得很不干净，父亲常常说她是外行。父亲说："吃蟹是风雅的事，吃法也要内行才懂得。先折蟹脚，后开蟹斗……脚上的拳头（即关节）里的肉怎样可以吃干净，脐里的肉怎样可以剔出……脚爪可以当作剔肉的针……蟹螯上的骨头可以拼成一只很好看的蝴蝶……"父亲吃蟹真是内行，吃得非常干净。所以陈妈妈说："老爷吃下来的蟹壳，真是蟹壳。"

蟹的储藏所，就在天井角落里的缸里，经常总养着十来只。到了七夕、七月半、中秋、重阳等节候上，缸里的蟹就满了，那时我们都有得吃，而且每人得吃一大只，或一只半。尤其是中秋一天，兴致更浓。在深黄昏，移桌子到隔壁的白场[④]上的月光下面去吃。更深人静，明月底下只有我们一家的人，恰好围成一桌，此外只有一个供差使的红英坐在旁边。大家谈笑，看月亮，他们——父亲和诸姐——直到月落时光，我则半途睡去，与父亲和诸姐不分而散。

这原是为了父亲嗜（shì）[⑤]蟹，以吃蟹为中心而举行的。故这种夜宴，不仅限于中秋，有蟹的节季[⑥]里的月夜，无端也要举行数次。不过不是良辰佳节，我们少吃一点，有时两人分吃一只。我们都学父亲，剥得很精细，剥出来的肉不是立刻吃的，都积受在蟹斗里，剥完之后，放一点姜醋，拌一拌，就作为下饭的菜，此外没有别的菜了。因为父亲吃菜是很省的，而且他说蟹是至味，吃蟹时混吃别的菜肴，是乏味的。我们也学他，半蟹斗的蟹肉，过两碗饭还有余，就可得父亲的称赞，又可以白口吃下余多的蟹肉，所以大家都勉力节省。现在回想那时候，半条蟹腿肉要过两大口饭，这滋味真好！自父亲死了以后，我不曾再尝这种好滋味。现在，我已经自己做父亲，况且已经茹素，当然永远不会再尝这滋味了。唉！儿时欢乐，何等使我神往！

（节选自《丰子恺文集·文学卷一》）

【注释】

①晚酌：晚上喝酒。

②姊：姐姐。姊妹即姐妹。

③抉剔：指从蟹脚中往外挑出蟹肉。

④白场：方言，即场地。

⑤嗜：特别喜欢。

⑥节季：即季节。

活动一 请根据文章内容归纳出父亲吃蟹的过程。

先折蟹脚——（　　）——（　　）——（　　）——放点姜醋

活动二 想一想，文中画线句的两个“滋味”意思一样吗？请联系上下文说说“滋味”的不同含义。

第7课

有情世界

《金色的草地》一文通过兄弟俩在草地上玩耍时“我”的发现，讲述了草地和蒲公英给他们带来的探索发现的喜悦。同学们有过月下散步、月夜爬山的经历吗？如果没有，我们通过《有情世界》来体会作者对一些微小事物的独特感受吧，你会惊奇地发现生活中的小细节是那样妙不可言。

学习活动

有情世界

这天晚上，阿因就去遨（áo）游“有情世界”。

他吃过夜饭，正被母亲迫着去睡的时候，忽然看见地上一块白布。他想把布拾起来。先用脚踢它一下，白布不动。仔细一看，原来是窗外照进来的月光。他抬头向窗外望，但见月亮正在对他笑，好像有话要说。他高兴极了，先向窗外喊一声：“月亮姐姐，我就来了。”飞也似的跑出去了。

他跑到门外草上，仰起头来一望，月亮姐姐的脸孔比窗里看见的更加白，更加圆，更加大了。同时笑得更加可爱了。但听她说：“阿因哥儿，到山上去野餐，他们都在等候你呢。快去拿了小篮出来，我陪你同去吧。”阿因不及回答，三步并作两步，回进屋里，走到床前向枕头边去取出小篮。一看，里面有半篮花生米，两包巧克力，是白天爸爸买给他的，现在正好拿上山去野餐。他提了小篮出门，说声：“月亮姐姐，同去，同去！”就快步上山。

月亮姐姐走得同他一样快，两人一边说话，一边上山。忽然路旁一群小声音在喊：“阿因哥哥，月亮姐姐，我们也要去野餐，带我们同去！”阿因回头一看，原来是一群蒲公英。阿因站住了，月亮姐姐也站住了。

阿因说：“好极，好极，我正想多几个人携（xié）着手，一同上山。月亮姐姐高高地在上面走，不肯同我携手呢！”他便伸手拉蒲公英。蒲公英们齐声叫道：“拉不得，拉不得，我们痛得很！”阿因一看，知道他们都是生根的，便皱着眉头，想不出办法。月亮姐姐喊道：“阿因哥儿，他们是走不动的，你给他们吃些东西吧！”阿因觉得这话不错，便从小篮里取出花生米来，给蒲公英们一人一粒。蒲公英们都笑了，大家鞠（jū）一个躬，谢谢他。阿因再走上山，月亮姐姐又跟着他走，快慢一样。虽然不能携手，一路上都好谈话，不知不觉，已到山顶。

山顶上有方平原，平原中央有一块大石，一块小石。阿因坐了小石，就把小篮里的花生米和巧克力倒在大石上，开始野餐了。他叫道：“大家来吃东西！”山顶四周围站着的松树一齐“哗啦哗啦”地笑起来。阿因向四周一望，但见他们一个长，一个短，一个蓬头，一个尖头，大家正在探头探脑地望着石桌上的花生米和巧克力，嘴里都滴着口水呢。忽然附近发出一阵娇嫩的喊声，原来是睡在石桌周围的杜鹃花们：“阿因哥哥，你这时候还来野餐？我们早已睡着，被你惊醒了！谁带你上来的呀？”

阿因点着上面说：“月亮姐姐带我上来的！杜鹃花妹妹，你们睡得这么早，真是无聊！大家快点起来吃东西吧？今晚月亮姐姐这样高兴，你们不可不陪她。你们看，她的脸孔从来没有这样地白，这样地圆，这样地大，从来没有这样地可爱的呢！”

白云听见了阿因、杜鹃花们、松树们的笑语声，慢慢地从远方跑过来，也要来参加这野餐大会了。白云走到了石桌顶上，望着花生米和巧克力吞唾液。忽然松树们、杜鹃花们，一齐喊起来：“白云伯伯，让开点，不要遮住月亮姐姐！”同时月亮姐姐也在上面喊：“白云伯伯讨厌！他老是欢喜站在我的面前，使我看不到你们。”

松树们同情月亮姐姐，接着说道：“对啊！白云伯伯不但欢喜遮住我，有时竟会走下来，蒙住我们的头，气闷得很！这人真讨厌！”

杜鹃花们也娇声娇气地喊起来：“白云伯伯怕你们吃东西，所以拿他那个庞大的身体来遮住你们。他想一人独吃这花生米和巧克力呢！”

白云被他们说得难为情起来，只好让开。但他的身体实在庞大，行动很不自由，过了好一会，阿因方才看见月亮姐姐的脸。白云伯伯被骂，阿因觉得太可怜了。他就劝道："白云伯伯，你下次站在月亮姐姐的后面，就好了。何必一定站在她前面呢？你横竖身体伟大，她遮不到你的呢！"

月亮姐姐扑嗤（chī）地笑起来。白云伯伯说："阿因哥儿，你不知道我的苦处，我是不能走到她后面去的。她的身体实在太娇小，我的身体实在太庞大，一不小心，就要遮住她。如今我有办法：我把身体变个样子，站在她的周围，好不好？"

阿因、松树、杜鹃花们大家赞美。白云就慢慢地变样子，先把身子伸长，变成一条，然后弯转来，变成一个白环，绕在月亮姐姐的四周。底下的人们看了这变态，大家拍手喝彩，大家吃东西，高兴得很！从此大家不讨厌白云伯伯，而且请他多吃点东西了。

大家吃饱了东西，月亮姐姐的身体渐渐地横下去，好像想休息的样子。

阿因说："我们散会吧，月亮姐姐疲倦（juàn）了，大家明天再会！"月亮姐姐要送他下山。

阿因说："你要休息了，不必送我下山。就叫松树哥哥送我下去吧！"

杜鹃花们一齐笑起来。松树说："阿因弟弟，要是我们走得动，我们很想送你下去，看看世景，可惜我们是走不动的呀！我有办法：叫我们的溪涧（jiàn）妹妹代送吧。她是从早到晚欢喜跑路的。"

溪涧接着说话了："我因为忙得很，没有参加你们的野餐会。但你们的谈话我都听见；而且风伯伯把你们的花生米和巧克力包纸都带给我吃了。香气倒很好。谢谢你们。我原要下山去，就由我代表你们，陪送阿因哥儿下山吧。"

阿因就跟了溪涧妹妹一齐下山。溪涧妹妹会唱许多的歌，在路上唱给阿因听，一直唱到阿因家门前的河岸边，方始"再会"分手。阿因在路上，从溪涧妹妹学得了一曲好听的歌。他一边唱着，一边走进屋里去，直到听见他母亲的声音："阿因，你睡梦里唱的歌真好听！"他方始停唱。张开眼睛一看，只见母亲坐在床前的椅子上，泥娃娃笑嘻嘻地站在他的枕头旁边，等候他起来同她玩呢。

（节选自《丰子恺文集·文学卷二》）

活动一 读故事，说说阿因在月夜有哪些奇遇？

月亮叫阿因去山上野餐——蒲公英（　　）——松树（　　）——杜鹃花（　　）——溪涧唱着歌送阿因下山

活动二 在阿因的这些小伙伴中，你最喜欢哪一个？说出你的理由。

活动三 这篇童话故事的题目叫《有情世界》，你认为“有情”具体表现在哪里？

学习拓展

丰子恺先生的画

1-7-1

1-7-2

活动一 请用自己的话说说画中的故事。

第8课

敬　礼

曾经是数学老师的法布尔十分痴迷昆虫的世界，他对昆虫的观察和记录令人惊叹，有人评价他的《昆虫记》是“谱写昆虫生命的赞歌”。我们来看看丰子恺先生笔下的蚂蚁，会带来怎样的感悟呢？

学习活动

敬　礼

像吃药一般喝了一大碗早已吃厌的牛奶，又吞了一把围棋子似的、洋钮扣似的肺病特效药。早上的麻烦已经对付过去。儿女都出门去办公或上课了，太太上街去了，劳动大姐在不知什么地方，屋子里很静。我独自关进书房里，坐在书桌面前。这是一天精神最好的时光。这是正好潜心工作的时光。

今天要译的一段原文，文章极好，译法甚（shèn）难[1]。但是昨天晚上预先看过，躺在床里预先计划过句子的构造，所以今天的工作并不很难，只要推敲各句里面的字眼，就可以使它变成中文。右手握着自来水笔，左手拿着香烟。书桌左角上并列着一杯茶和一只烟灰缸。眼睛看着笔端，热衷（原文“中”）于工作，左手常常误把香烟灰敲落在茶杯里，幸而没有把烟灰缸当作茶杯拿起来喝。茶里加了香烟灰，味道有些特别，然而并不讨厌。

译文告一段落，我放下自来水笔，坐在椅子里伸一伸腰，眼梢（shāo）头觉得桌子上右手所靠的地方有一件小东西在那里蠢（chǔn）动。仔细一看，原来是一个受了伤的蚂蚁：它的脚已经不会走路，然而躯（qū）干无伤，有时翘起头来，有时翻转肚子来，有时鼓动着受伤的脚，企图爬走，然而一步一蹶（jué）[②]，终于倒下来，全身乱抖，仿佛在绝望中挣扎。啊，这一定是我闯的祸！我热衷（原文“中”）于工作的时候，没有顾到右臂底下的蚂蚁。我写完了一行字，迅速地把笔移向第二行上端的时候，手臂像汽车一样突进，然而桌子上没有红绿灯和横道线，因此就把这蚂蚁碾（niǎn）伤[③]了。它没有拉我去吃警察官司，然而我很对不起它，又没有办法送它进医院去救治，奈（nài）何[④]，奈何！

然而反复一想，这不能完全怪我。谁教它走到我的工场里来，被机器碾伤呢？它应该怪它自己，我恕（shù）不负责。不过，一个不死不活的生物躺在我眼睛面前，心情实在非常不快。我想起了昨天所译的一段文章：“假定有百苦交加而不得其死的人；在没有生的价值的本人自不必说，在旁边看护他的亲人恐怕也会觉得杀了他反而慈悲吧。”（见夏目漱石著《旅宿》）我想：我伸出一根手指去，把这百苦交加而不得其死的蚂蚁一下子捻（niǎn）死，让它脱了苦，不是慈悲么？然而我又想起了某医生的话：“延长寿命，是医生的天职。”又想起故乡的一句俗话：“好死勿抵恶活。”我就不肯行此慈悲。况且，这蚂蚁虽然受伤，还在顽强地挣扎，足见它只是局部残废，全体的生活力还很旺盛，用指头去捻死它，怎么使得下手呢？犹豫不决，耽（dān）搁了我的工作。最后决定：我只当不见，只当没有这回事。我把稿纸移向左些，管自继续做我的翻译工作。让这个自作孽（niè）的蚂蚁在我的桌子上挣扎，不关我事。

翻译工作到底重大，一个蚂蚁的性命到底藐（miǎo）小；我重新热衷（原文“中”）于工作之后，竟把这事件完全忘记了。我用心推敲，频频（pín）涂改，仔细地查字典，又不断地抽香烟。忙了一大阵之后，工作又告一段落，又是放下自来水笔，坐在椅子里伸一伸腰。眼梢头又觉得桌子右角上离开我两尺光景的地方有一件小东西在那里蠢动。望去似乎比蚂蚁大些，并且正在慢慢地不断地移动，移向桌子所靠着的窗下的墙壁方面去。我凑近去仔细察看。啊哟，不看则已，看了大吃一惊！原来是两个蚂蚁，一个就是那受伤者，另一个是救伤者，正在衔（xián）住了受伤者的身体而用力把他拖向墙壁方面去。然而这救伤者的身体不比受伤者大，他衔着和自己同样大小的一个受伤者而跑路，显然很吃力，所以常常停下来休息。

有时衔住了他的肩部而走路，走了几步停下来，回过身去衔住了他的一只脚而走路；走了几步又停下来，衔住了另一只脚而继续前进。停下来的时候，两人碰一碰头，仿佛谈几句话。也许是受伤者告诉他这只脚痛，要他衔另一只脚；也许是救伤者问他伤势如何，拖得动否。受伤者有一两只脚伤势不重，还能在桌上支撑着前进，显然是体谅救伤者太吃力，所以勉力自动，以求减轻他的负担。因为这样艰难，所以他们进行的速度很缓，直到现在还离开墙壁半尺之远，这个救伤者以前我并没有看到。想来是埋头于翻译的期间，他跑出来找寻同伴，发现这个同伴受了伤躺在桌子上，就不惜劳力，不辞艰苦，不顾冒险，拼命地扶他回家去疗养。这样藐小的动物，而有这样深挚（zhì）⑤的友爱之情、这样慷（kāng）慨（kǎi）⑥的牺牲精神、这样伟大的互助精神，真使我大吃一惊！同时想起了我刚才看不起他，想捻死他，不理睬他，又觉得非常抱歉，非常惭（cán）愧（kuì）⑦！

鲁迅先生曾经看见一个黄包车夫的身体大起来。我现在也如此：忽然看见桌子角上这两个蚂蚁大起来，大起来，大得同山一样，终于充塞于天地之间，高不可仰了。同时又觉得我自己的身体小起来，小起来，终于小得同蚂蚁一样了。我站起身来，向着这两个蚂蚁立正，举起右手，行一个敬礼。

（节选自《丰子恺文集·文学卷二》）

【注释】

①甚难：很难。

②蹶：摔倒，栽跟头。

③碾伤：滚压受伤。

④奈何：怎么办。

⑤深挚：真诚恳切。

⑥慷慨：大方的意思。

⑦惭愧：难为情，不好意思。

活动一 从不小心碾伤一只蚂蚁到最后的敬礼，作者的心理活动发生了哪些变化？

（　　）——为自己开脱，认为蚂蚁是咎由自取——（　　）——认为不关自己的事，漠然置之——（　　）

活动二 想一想，作者为什么要向蚂蚁“敬礼”？

学习拓展

丰子恺先生的画

1-8-1

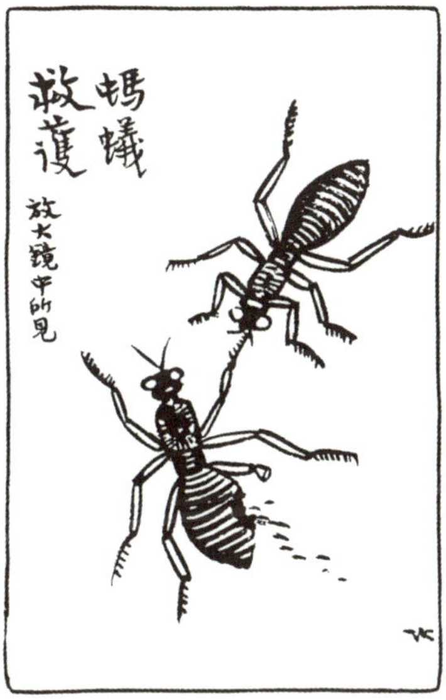

1-8-2

活动一 仔细观察上面两幅画，说说你的感受，再根据画面内容编写一个小故事。

第9课

暑假——父亲丰子恺轶事

美好的暑假做了些什么事情？是跟随爸爸妈妈去游山玩水了，还是到爷爷奶奶家享受田园风光了？在同学们分享彼此的暑假生活的同时，让我们乘坐时光穿梭机，去看看丰子恺与他的子女们是如何度过暑假生活的。

学习活动

暑 假[1]

——父亲丰子恺轶事

那是六十多年前的事了。那时我们住在故乡石门湾。

当时我们兄弟姐妹六人都在家乡的小学里念书。一到放暑假，家里就闹哄哄的。于是，父亲便着手为我们安排暑假生活，让我们过一个内容充实又有趣的暑假，既不乱吵乱闹，又不荒疏学业。

如果逢到天气阴凉，父亲就组织我们到近郊去做“跟踪追击”的游戏。四个人分成两组，每组二人。令二人先从某处出发，弯弯曲曲向前走去——越过桑田，跨过田埂[2]（gěng），走过小桥，沿着小河一直走去，比如说，走到一棵大樟树处为止。先走的二人每到十字路口或三岔路口，都要写一张纸条指示前进方向。这小纸条或用石子压在小路上，或想办法挂在桑树丫杈上，或放在农舍的石阶边……二人出发后，七弯八绕，走得早已看不见踪影时，另二人才出发前去“跟踪”。这后出发的二人如果一路仔细、无误，便能追寻到先出发的二人，四人欢欢喜喜在目的地相会。然后反过来，后出发的人改为先出发，弯弯绕绕走另一条小径，让另二人根据他们留下的纸条去追寻。

参加这样的户外游戏很有趣。记得有一次我和妹妹二人在追踪时，边走边聊天，一不小心错过了三岔（chà）路口，直走到前面的十字路口不见有标记，才回过头来寻找。原来三岔路口的小纸条是用一块小石子压在路旁草丛中的，很容易疏忽。找到小纸条，我们这才走上“正路”，顺利到达目的地。可见这游戏不但有趣，还可训练孩子做事灵活、仔细。

但暑假里大多数日子是大热天，户外赤日炎炎，不宜多逗留。这时父亲常常躺在藤椅上读鲁迅的小说，让我们围在身旁听。有一次，父亲读《呐喊》中的《社戏》一文，孩子们看社戏回来偷罗汉豆，一边是阿发家的，一边是六一公公家的。阿发往来摸了一回，说：“偷我们的吧，我们的大得多呢。”读到这里，父亲笑了，不觉插入几句自己的话：“真有意思：我们的，也叫偷！”我们也都发出会心的微笑。

更多的时候父亲让我们练笔：他出题目，叫我们每人写一篇作文。题目是多种多样的，有时写的是抒情文，有时写的是记叙文，有时写说明文……有一次，父亲别出心裁，竟出了这样一个题目：《怎样搓（cuō）麻将》。只因母亲回娘家时，常常和亲友们搓麻将，在她的影响下，我们几个大孩子不教自会，常常在假期里以搓麻将自娱〔我们的技术不精，纯粹（cuì）是当作玩耍，好比打扑克取乐一样〕。父亲因此出了这样一个题目。他说，你要教会一个完全不会搓麻将的人，这个人甚至连“筒”“索”“万”都没听说过，一张牌也不认识。大家一听这么一个作文题，都笑起来。可是回过头来一想，觉得真要写一篇能教会别人搓麻将的文章，确实也不容易，而且写起来又很有趣，便各自埋头去写了。我记得我的这篇作文写得很长，讲得有条有理，十分详细，获得了父亲的好评（他不批分数，只是在文末写几句评语）。

李叔同在《忆儿时》一歌中写道：“回忆儿时，家居嬉（xī）戏，光景宛如昨。”父亲安排我们度暑假的往事给我留下了深刻的印象，至今记忆犹新。六十多年漫长的岁月，并没有将它冲淡，儿童时代的趣事，将永远保留在我的记忆中。

【注释】

①本文作者为丰子恺长女丰陈宝，即丰子恺漫画中和文章中的“阿宝”。

②田埂：田地里用来分界并蓄水的埂子，稍稍高起，像狭窄的小路。

活动一 说一说，文章写了父亲丰子恺哪几件事？完成下列填空。

组织我们到近郊去做“跟踪追击”的游戏——（　　）——（　　）

活动二 读一读，文中画线句子写到父亲的“不觉”和我们的“会心”，分别是什么意思？可以看出父亲的什么性格特点？

活动三 你喜欢丰子恺这样的父亲吗？说说理由。

学习拓展

丰子恺先生的画

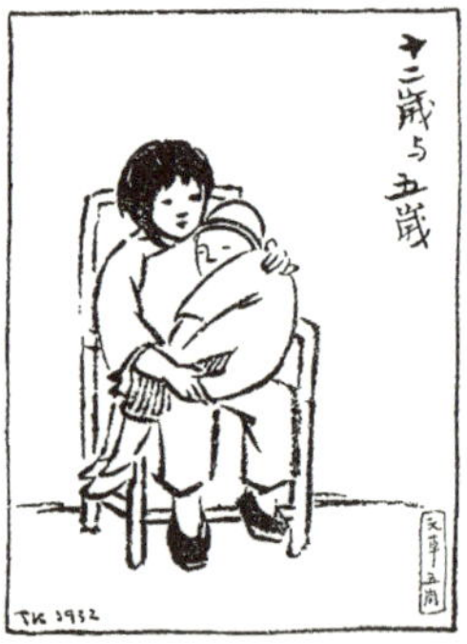

1-9-1

1-9-2

1-9-3

1-9-4

活动一 仔细观察以上几幅画，说说画里的故事，你有类似的经历吗？说出来与大家分享。

第10课

理发师

在童年的“百花园”里，理发都能成为冒险的事情，老掉牙的推子“吃”头发，剪下来的碎头发“挠痒痒”。小朋友，你可曾从另一个角度观察过理发的过程？

学习活动

理发师

我的船所泊（bó）的岸上，小杂货店旁边的草地上，停着一副剃头担。我躺在船榻（tà）上休息的时候，恰好从船窗中望见这副剃头担的全部。起初剃头司务[1]独自坐在凳上吸烟，后来把凳让给另一个人坐了，就剃这个人的头。凝神纵目，眼前的船窗便化为画框，框中显出一幅现实的画图来。这图中的人物位置时时在变动，有时会变出极好的构图来，疏密匀称，姿势集中，宛如一幅写实派的西洋画。有时微嫌左右两旁空地太多或太少，我便自己变更枕头的放处，以适应他们的变动，而求船窗中的妥帖的构图。

平日看到剃头，总以为被剃者为主人，剃者为附从。故被剃者出钱雇（gù）用剃头司务，而剃头司务受命做工；被剃者端坐中央，而剃头司务盘旋奔走。但绘画地看来，适得其反：剃头司务为画中主人，而被剃者为附从。因为在姿势上，剃头司务提起精神做工，好像雕刻家正在制作，又好像屠户正在杀猪。纯粹用感觉来看，剃头这景象中，似觉只有剃头司务一个人；被剃的人暂时变成了一件东西。因为他无声无息，呆若木鸡；全身用白布包裹，只留出毛毛草草的一个头，而这头又被操纵在剃头司务之手，全无自主之权。因为我在船窗中眺（tiào）望岸上剃头的景象，在感觉上但见一个人的活动，而不觉得其为两个人的勾（gòu）当[②]。我很同情于这被剃者：那剃头司务不管耳、目、口、鼻，处处给他抹上水，涂上肥皂，弄得他淋漓满头；拨他的下巴，他只得仰起头来；拉他的耳朵，他只得旋转头去。这种身体的不自由之苦，在照相馆的镜头前面只吃数秒钟，犹可忍也；但在剃头司务手下要吃个把钟头，实在是人情所难堪的！我们岸上这位被剃头者，忍耐力格外强：他的身体常常为了适应剃头司务的工作而转侧倾斜，甚至身体的重心越出他所坐的凳子之外，还是勉力支撑。我躺在船里观看，代他感觉非常的吃力。人在被剃头的时候，暂时失却了人生的自由，而做了被人玩弄的傀（kuǐ）儡（lěi）[③]。

我想把船窗中这幅图画移到纸上。起身取出速写簿，拿了铅笔等候着。等到妥（tuǒ）帖（tiē）[④]的位置出现，便写了一幅，放在船中的小桌子上，自己批评且修改。这被剃头者全身蒙着白布，肢体不分，好似一个雪菩萨。幸而白布下端的左边露出凳子的脚，调剂了这一大块空白的寂寞。又全靠这凳脚与右边的剃头担子相对照，稳固了全图的基础。凳脚原来只露一只，为了它在图中具有上述的两大效用，我擅把两脚都画出了。我又在凳脚的旁边，白布的下端，擅自添上一朵墨，当作被剃头者的黑裤的露出部分。我以为有了这一朵墨，白布愈（yù）加显见其白；剃头司务的鞋子的黑在画的下端不致孤独。而为全图的主眼的一大块黑色——剃头司务的背心——亦得分布其同类色于画的左下角，可以增进全图的统调。为求这黑色的总调，我的签字须写得特别粗大些。

天色渐渐向晚，岸上剃头担已经挑去，只剩一片草地。我独坐船舱中等夜饭吃，乘闲考虑画的题目。这是最廉价的理发处，剃一个头只要十五个铜板。这恐怕是我国所独有的理发处。刚才船主告诉我："近来这种剃头担在乡间生意很好，本来出一角小洋上剃头店的人，现在都出十五个铜板坐剃头担了。"我就美其名曰"野外理发处"吧。

（节选自《丰子恺文集·文学卷一》）

【注释】

①司务：旧时对手艺匠人的尊称。

②勾当：事情。如今多指坏事情。

③傀儡：比喻受人操纵不能自立的人。

④妥帖：这里指合适的意思。

活动一 说一说剃头的过程。

请客人端坐——（　　）——给剃头者抹上水和肥皂——（　　）

活动二 “你站在桥上看风景，看风景的人在楼上看你。”丰子恺在画理发师时，我们则透过文字在看丰子恺作画，根据你的理解，为本文配一幅插图。

学习拓展

丰子恺先生的画

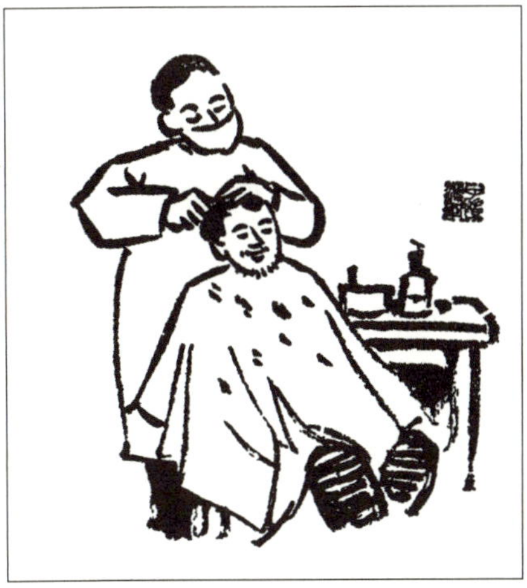

1-10-1

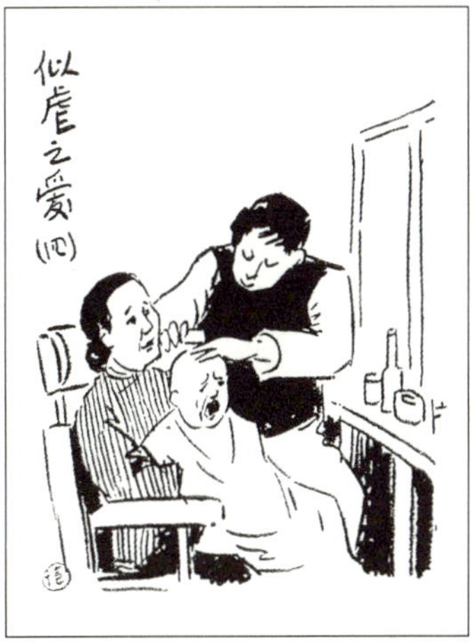

1-10-2

活动一 请尝试给漫画创作一首小诗。

第11课

画家笔下的童年玩具

一年级时我们感受了玩具的造型与色彩，也了解了各具特色的民间玩具；二年级时我们感受了画家笔下的快乐童年。你还记得教材中《闲庭春画》系列作品吗？今天我们再来看看这位画家笔下的玩具和童年生活吧。

学习活动

丰子恺先生的画

1-11-1

1-11-2

1-11-3

1-11-4

1-11-5

1-11-6

1-11-7

1-11-8

1-11-9

活动一 细细感受丰子恺作品中的童年生活，你能从上面这些画中找到“玩具”吗？

活动二 和同学一起模仿画中的情景，体验游戏乐趣，并试着写一段话记录过程和感受。

学习拓展

你从生活中发现了哪些可以当玩具的物品呢？说说你们是怎么玩的？模仿下图画出你们玩的场景。

1-11-10

第12课

芥子园的趣味

一年级的时候我们学习了摹印纹理，尝试用线描画表现夏日里的活动或者景物，书中还介绍了《芥子园画传》画平泉法。《芥子园画传》可是一本非常神奇的书，让我们一起来了解一下吧。

学习活动

了解《芥子园画传》

1-12-1

1-12-2

活动一 观察图1-12-1中竹叶的外形特征和图1-12-2《芥子园画传》中叶子的描绘方法，进行比较体会。

1-12-3

1-12-4

活动二 观察图1-12-3中梅的外形特征和图1-12-4《芥子园画传》中梅的描绘方法，进行比较体会，并尝试临摹。

1-12-5

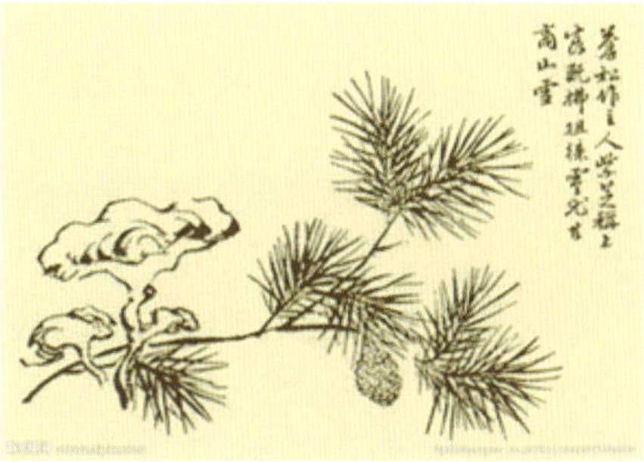

1-12-6

活动三 观察图1-12-5松的外形特征和图1-12-6《芥子园画传》中松的描绘方法进行比较体会，并尝试临摹。

学习拓展

《芥子园画传》是中国传统绘画的一部经典画谱，名气很大。近现代的一些画坛名家如黄宾虹、齐白石、潘天寿、傅抱石等，都把《芥子园画传》作为学习的范本，从《芥子园画传》迈出了画家生涯的第一步。称《芥子园画传》为“启蒙之良师”，一点也不过分。

丰子恺在文章《我的书》中说：“我所有的书中，价最贵的要算去年向有正书局买来的一部《芥子园画传》。这部书共分三集，第一集四册，定价六元。第二集又四册，定价又六元。第三集也是四册，定价却是三十二元。全书一共定价四十四元。我托书店代买，照同行打九折，实出大洋三十九元六角。在我所有书中，这部要算最贵的了。次贵的书，其价不及此书之半。”

《芥子园画传》封面

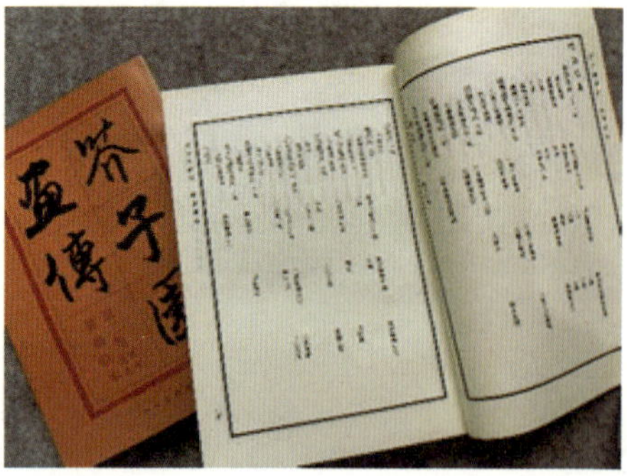

《芥子园画传》目录

《芥子园画传》内页

《芥子园画传》中的柳树

丰子恺先生画的柳树

对照观察《芥子园画传》中的柳树、丰子恺先生画的柳树两件作品，有什么发现？你还能从丰子恺的哪些作品中找到《芥子园画传》的痕迹？

第13课

劳作者的歌

田园风光离不开劳动者的耕耘，劳作者是田园风光里最有震撼力的身影。梵高的《播种者》一定给你留下了深刻的印象，你能从构图和色彩方面谈谈体会吗？做一个爱劳动的人，体会了劳动的艰辛，我们就会更加珍惜劳动者的创造。

学习活动

田园风光摄影作品

1-13-1

1-13-2

1-13-3

活动一 欣赏上面几幅田园风光摄影作品，说说你的理解。

活动二 阅读下列丰子恺先生论画的文字再说说以上摄影作品的构图美。

画面美可就形、色、调子三方面论。而就中以形美为最重要。

形就是骨骼，就是构图。

所谓构图，就是一幅画中的物的位置，换言之，即画面的空间的分割。绘画是空间艺术，当然重视空间。在图画纸上，一条，一块，一点，均有价值与效用，决不许随便延长或缩短。犹之在时间艺术的音乐中，拍子历时的长短不容随便延长或缩短。

（节选自《丰子恺文集·艺术卷一》）

学习拓展

1-13-4 梵高《播种者》

1-13-5 米勒《拾穗者》

活动一 请从构图美的角度简要评析以上作品。

活动二 欣赏下列几幅丰子恺作品，学一学画中人物的动作，再尝试用简笔画一画。

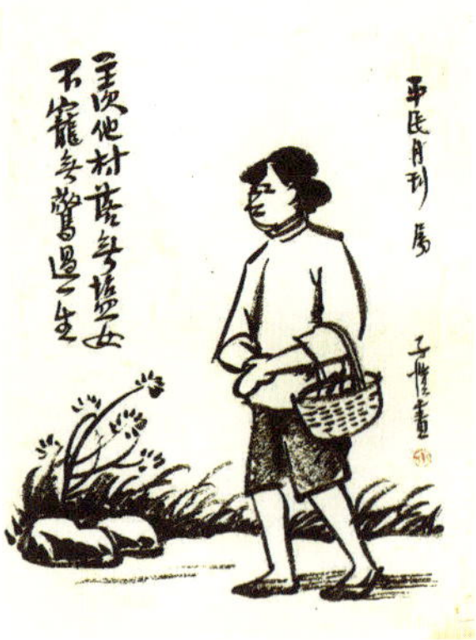

1-13-6

1-13-7

1-13-8

第14课

山芋版画

二年级时我们学习过纸版画的制作方法，三年级时我们学习了“生动的表情——创作一幅人物画”。你可知道山芋也可以用来制作版画？让我们来试一试吧。

学习活动

儿童节前夜

华明缩一缩鼻涕，兴味津津地说道：“我爸爸前天到上海看了苏联木版画展览会来，据说他们的画都是用木头刻了，印刷在纸上的。他带了许多木版画来，我看有几幅很简单，只是几个黑影，倒也很像，很好看。我们可以刻刻‘山芋版画’看！”我们就把刻什么的问题同华明商量。华明又缩一缩鼻涕，说：“明天开儿童节庆祝会，我们刻一个儿童节的纪念物，自己印刷了，送给朋友，不很好么？”弟弟说：“好！刻个贺片，恭贺儿童节，同恭贺新喜一样！”我说：“儿童节送贺片不大好，还是刻个书签，倒可以永久保存。”大家赞成。

（节选自《丰子恺文集·艺术卷三》）

1-14-1

活动一 请根据文中所述，尝试做一幅山芋版画书签，主题自选。

活动二 丰子恺先生在文章《颜面》中说："同是两眼，两眉，一口，一鼻排列在一个面中，而有万人各不相同的形式。同一颜面中，又有喜，怒，哀，乐，嫉妒，同情，冷淡，阴险，仓皇，忸怩……等千万种表情。"请尝试运用简笔表现人物不同的表情。

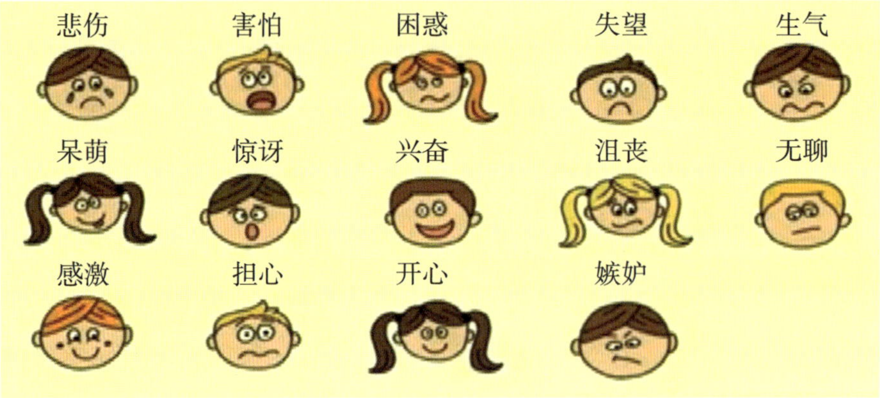

1-14-2

画一画你感兴趣的表情

学习拓展

人物版画

1-14-3

1-14-4

活动一 观察不同人物丰子恺（以及李叔同、夏丏尊等人）的“颜面”，尝试用合适的蔬果（萝卜、苹果等）制作版画小品，印在下面的方框里。

（步骤：设计画稿——雕刻——印刷）

第15课

自己割了耳朵的画家

梵高的名字，你一定不会陌生吧？二年级时你肯定画过梵高的“向日葵”吧？那么你知道梵高是怎样一位画家吗？他的生命历程中又有怎样的故事？

学习活动

自己割了耳朵的画家

今天要讲一位很希奇的画家。他曾经用剃头刀割去自己的耳朵。人们知道他发痴了，送他进精神病院。但他描起画来并不发痴。现在的西洋画家大都以他的画法为模范。哪知道这位模范的画家，是一个自己割了耳朵的痴子！现在我先把他的故事讲给你们听：

距今约一百年前，荷兰乡下地方有一位虔诚的牧师，生下一个儿子，名叫梵高（Vincent van Gogh，1853—1890），这便是我们现在所说的大画家。

他的作画真真热心！有了得意的题目，他便出神地描写，饭也不要吃，对他说话也不答应，犹如失了知觉一般。家人知道他在出神了，把午饭送到他手中。他不知不觉地接了盘和叉，眼睛看着画，随手把盘子里的食物送进口中去。不辨滋味的咸淡，也不问所吃的是什么东西，只顾塞进去，吞下去，吞完便放下盘子，立刻继续描画。这样的热心过度，已经有些近于发痴了。

梵高对于太阳的爱慕之心，一天一天地热烈起来了。他的画中所描的，全都是烈火一般的强烈而鲜明的色彩。他有一幅名作《向日葵》，画面上竟是一团一团的火。因此，人们就称他为“火焰的画家”。

梵高最欢喜向日葵花。因为向日葵花形状又大，颜色又强烈鲜明，最配做他的画材。而“向日葵”这个名词，更是他所最爱的。因为他自己这样爱慕太阳，实在是向日葵的同志。所以他的房子里，满满地装饰着向日葵花。他描静物画的时候，也最欢喜描写向日葵的肖像。所以人们就称他为“向日葵画家”。

（节选自《丰子恺文集·艺术卷二》）

活动一 读了以上文字，你有什么感想？你还知道梵高的其他故事吗？跟同学分享一下。

活动二 观察向日葵的造型、色彩和纹理。欣赏梵高油画作品《向日葵》；找一找作品中运用的色彩，填涂在下面的色谱里。

1-15-1

1-15-2

1-15-3

《向日葵》色谱						

活动三 用软陶（或超轻黏土）制作向日葵。

1-15-4

1-15-5

1-15-6

要求：每位同学制作一朵向日葵，小组合作完成整幅《向日葵》作品。注意造型表现和色彩运用。

学习拓展

梵高自有一种新奇的画法：凡画一物，必须看出它的特点，画出它的神气，却不必画得同照相一般地详细而逼真。画出物象的神气，却是极难的事，非有明敏的眼光不可。

试看梵高的自画像，画得粗厉可怕，犹似一个野人。但这是世间最宝贵的肖像画，因为不但画出着梵高的神气，竟表出着梵高的性格。

（节选自《丰子恺文集·艺术卷二》）

结合文字，欣赏梵高系列自画像，包括《割了耳朵的自画像》，说说自己的体会。

第16课

动物故事画

喜欢小动物是孩子们的天性，同学们是不是也养过小动物或逗过小动物？比如可爱的猫咪，你观察过猫的各种形态吗？丰子恺先生也是一位喜爱小动物的画家。

学习活动

丰子恺先生的画

1-16-1

1-16-2

1-16-3

1-16-4

1-16-5

1-16-6

活动一 丰子恺先生喜欢小动物，尤其喜欢猫。欣赏了以上他画猫的作品后，你能发挥想象编一则猫的故事吗？

活动二 学习丰子恺先生的画法，画一画你喜欢的小动物。

学习拓展

白　鹅

这白鹅，是一位即将远行的朋友送给我的。我抱着这雪白的“大鸟”回家，放在院子里。它伸长了头颈，左顾右盼，我一看这姿态，想道：“好一个高傲的动物！”

鹅的高傲，更表现在它的叫声、步态和吃相中。

鹅的叫声，音调严肃郑重，似厉声呵斥。它的旧主人告诉我：养鹅等于养狗，它也能看守门户。后来我看到果然如此：凡有生客进来，鹅必然厉声叫嚣；甚至篱笆外有人走路，它也要引吭大叫，不亚于狗的狂吠。

鹅的步态，更是傲慢了。大体上与鸭相似，但鸭的步调急速，有局促不安之相；鹅的步调从容，大模大样的，颇像京剧里的净角出场。它常傲然地站着，看见人走来也毫不相让；有时非但不让，竟伸过颈子来咬你一口。

（节选自丰子恺《白鹅》）

活动一 阅读丰子恺文章《白鹅》，请你根据这些有趣的描写试着画出这只大白鹅。

活动二 很多大画家都有自己很擅长描绘的动物，请查阅资料，指出下列作品分别出自哪位大画家。

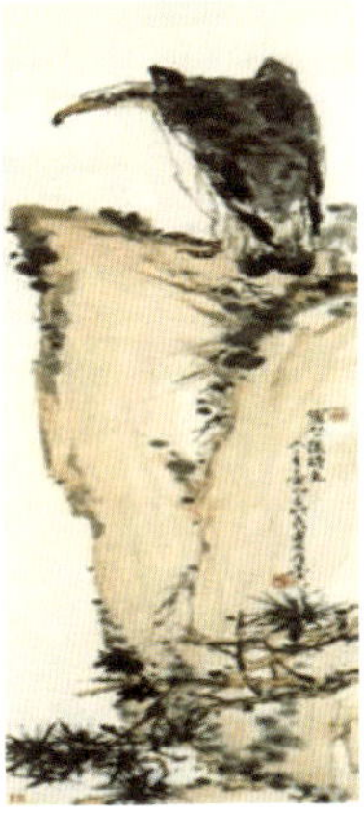

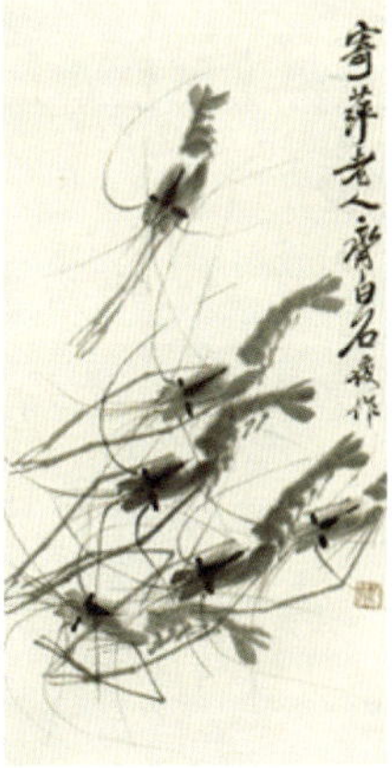

________　　________　　________　　________

第17课

三原色

三年级的时候学习过“三原色”和“三间色”，还有印象吗？准备好水粉或水彩绘画工具，让我们走进色彩的世界吧。

学习活动

世间一切色彩，不外由红黄蓝三色变化而生。故红黄蓝三者称为“三原色”。三原色各有其特性：红热烈，黄庄严，蓝沉静。每两种原色相拼合，成为“三间色”，即红黄为橙，红蓝为紫，黄蓝为绿。三间色亦各有其特性：橙是热烈加庄严，即神圣；紫是热烈加沉静，即高贵；绿为庄严加沉静，即和平也。如此屡次拼合，即可产生无穷的色彩，各有无穷的特性。今红与绿相配合，换言之，即红与黄蓝相配合。此中三原色俱足。换言之，即包含着世间一切色彩。故映入人目，感觉饱和而圆满，无所偏缺。可知红绿对比之所以使人感觉美满，根本的原因在于三原色的俱足，然三原色俱足的对比，不止红绿一种配合而已。黄与紫（红蓝），蓝与橙（红黄），都是俱足三原色的。何以红与绿的配合特别美满呢？这是由于三原色性状不同之故。色彩中分阴阳二类，红为阳之主；色彩中分明暗二类，红为明之主；色彩中分寒暖二类，红为暖之主。阳强于阴，明强于暗，暖强于寒。故红为三原色中最强者，力强于黄，黄又力强于蓝。故以黄蓝合力（绿）来对比红，最为势均力敌。红蓝（紫）对比黄次之。红黄（橙）对比蓝又次之。从它们的象征上看，也可明白这个道理：热烈，庄严，与沉静，在人的感情的需要上，也作顺次的等差。热烈第一，庄严次之，沉静又次之。

（节选自《丰子恺文集·艺术卷三》）

活动一 请给以上文字拟一个合适的标题，写在横线上，然后试着调色涂一涂。

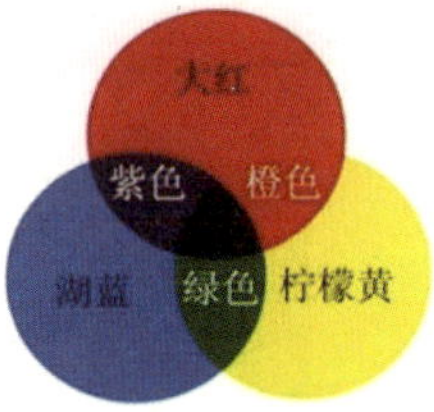

三原色：红、黄、蓝
三间色：橙、绿、紫

活动二 欣赏丰子恺作品里的三原色和三间色。

1-17-1

1-17-2

1-17-3

学习拓展

色彩无处不在，我们可以关注更多色彩在生活中的运用。请你在生活场景中找找运用三原色（三间色）的器物、家具、服装等，再尝试运用三原色或调配出来的三间色，创作完成一件小作品。要求以点、线、色块的形式组织画面。

SMEG

第18课

画　诗

大自然一年四季都很美，我们可以用绘画表现自然美景和欣赏感受。当诵读到一首首古诗的时候，你能用绘画的方法表现诗美和感受吗？

学习活动

丰子恺先生的画

1-18-1

1-18-2

1-18-3

活动一　仔细观察上面三幅图，读懂画中的诗句，寻找这句诗的出处，并从构图、诗意、主题方面说说感受。

1-18-4

1-18-5

1-18-6

活动二 仔细观察上面三幅图读出诗句，再查找它们的出处。试着背诵全诗。

1-18-7

1-18-8

1-18-9

活动三 仔细观察上面三幅图，猜一猜下列三首诗，分别对应哪一幅画，应该挑选哪句诗作为画的题签，请圈出这句诗。

无　题

清·吕霜

一年社日都忘了，忽见庭前燕子飞。
禽鸟也知勤作室，衔泥带得落花归。

无 题

清·高鼎

牧笛声中踏浅沙，竹篱深处暮烟多。
垂髫村女依依说，燕子今朝又作窠。

锦缠道·燕子呢喃

宋·宋祁

燕子呢喃，景色乍长春昼。睹园林、万花如绣。海棠经雨胭脂透。柳展宫眉，翠拂行人首。

向郊原踏青，恣歌携手。醉醺醺、尚寻芳酒。问牧童、遥指孤村道：“杏花深处，那里人家有。”

学习拓展

丰子恺先生在《文学中的远近法》中说：“中国诗人作诗时喜用绘画的看法，中国画家作画时喜用诗的看法。”中国画综合了诗、书、画、印这四种优秀的艺术表现形式，并经过历代书画大师不断总结、逐步完善。好的诗给人以如画的想象，而一幅好画又能让观者感受到诗样的意境。

选择一首自己喜欢的古诗词，尝试配画。注意理解诗句意思，揣摩诗句中的主体事物、环境、色彩等构成要素，用中国画的形式表现出诗句的意境，体会诗画融合的感觉。

第19课

手 指

动漫作品伴着我们长大，很多动漫人物已成为我们童年记忆的一部分。如果能把自己喜欢的动物或人物设计成卡通形象，你一定会很开心吧？

学习活动

手 指

我们除残废者外，大家随时随地随身带着十根手指，永不离身。一只手上的五根手指，实在各有不同的姿态，各具不同的性格。

大指在五指中，是形状最难看的一人。身材矮而胖，头大而肥，构造简单，人家有两个关节，他只有一个。他在五指中是工作最吃苦的工人。例如拉胡琴，总由其他四指按弦，却叫他相帮扶住琴身；水要喷出来，叫他死力抵住；血要流出来，叫他拼命揿住；重东西要翻倒去，叫他用劲扳住。种种苦工，都归他做，他决不辞劳。其他四人除了享乐的讨好的事用他不着外，稍微吃力一点的就都要他帮忙。

最常与大拇指合作的是食指。他的姿态远不及其他三指的窈窕，都是直直落落的强硬的曲线。他的工作虽不比大拇指的吃力，却比大拇指的复杂。拿笔的时候，全靠他推动笔杆；遇到危险的事，都要他独个人上前去试探或冒险；秽物、毒物、烈物，他接触的机会最多；刀伤、烫伤、轧伤、咬伤，他消受的机会最多。他具有大拇指所没有的“机敏”，打自动电话、扳枪机必须请他，打算盘、捻螺旋、解纽扣等，虽有大拇指相助，终是以他主干的。

五指中地位最优、相貌最堂皇的，无如中指。他住在中央，左右都有屏藩。他身高最高，他的两个贴身左右，无名指与食指，像关公左右的关平与周仓，一文一武，片刻不离地护卫着。他永远不受外物冲撞，故曲线优美，处处显示着养尊处优的幸福。每逢做事，名义上他总是参加的，实际上他总不出力。他因为身体最长，往往最先碰到物，好像取得这物是他一人的功劳。其实，他碰到之后就退在一旁，让大拇指和食指这两个人去出力搬运，他只是在旁略为扶衬而已。

无名指和小指，体态都很秀丽，样子都很可爱。然而，能力薄弱也无过于他们了。无名指本身的用处，只有研脂粉、蘸药末、戴指戒。小指的用处，更加藐小，只是掏掏耳朵、扒扒鼻涕而已。他们也有被重用的时候：在丝竹管弦上，他们的能力不让于别人。当一个戴金刚钻指戒的女人要在交际社会中显示她的美丽与富有的时候，常用“兰花手指”撮了香烟或酒杯来敬呈她所爱慕的人，这两根手指正是这朵“兰花”中最优美的两瓣。除了这等享乐的光荣的事以外，遇到工作他们只是其他三指的无力的附庸。

我只觉五指的姿态与性格，有如上的差异，却并无爱憎于其间。手指的全体，同人群的全体一样。五根手倘能团结一致，成为一个拳头以抵抗外侮，那就根根有效，根根有力量，不复有善恶强弱之分了。

（节选自《丰子恺文集·文学卷一》）

活动一　一只普通的苹果是怎样变成“苹果宝宝”的呢？第一步，用简单的线条画出物体的特征；第二步，添加五官和四肢，进行表情动作表现。

借助颜料，在下面的框里摁下你的指印，尝试把五个手指变成不同的“手指宝宝”。

1-19-1

活动二 结合文章，给手指创作一幅漫画并配上有趣的对话。

学习拓展

弟弟不走近路，却走庙弄，穿过元帅庙，绕道向华家。我知道他想看看阴历元旦市上的热闹。我们穿过庙弄时，看见许多店都关门，门前摆着些吃食担、花纸摊、玩具摊。路上挤着许多穿新衣服的乡下人，男女老幼都有。他们一面推着背慢慢地走，一面仰头看摊上的花样。我但见红红绿绿的衣裳，和红红绿绿的花纸玩具一样刺目。觉得真是难得见到的景象。到了庙里，又见一堆一堆的人，有的在看戏法，有的在看“洋画”。

（节选自《丰子恺文集·艺术卷三》）

活动一 你能从长辈那里了解到更多有关“花纸儿”的故事吗？你留意过现在生活中的“花纸儿”吗？收集几张你喜欢的，贴在下面的框里。

第20课

中国画中山的远近

中国写意水墨画用浸染的方法，创造了山外有山的意境。山的远近到底有什么奥秘呢？我们来跟着丰子恺先生学习吧。

学习活动

中国画与远近法

想象的世界中，行动非常自由；眺望景物时自己的立场要高就高，要低就低，要左就左，要右就右。这犹似做梦，昔人云："重门不锁相思梦，随意绕天涯。"

伏在斗室中描山水图的中国画家，正同这相思家一样。做梦一般地飞绕天涯而眺望景物，把不同时所见的光景收入同一幅画中，上下重叠地描写的便是山水的"立轴"，左右连绵地描写的便是山水的"图卷"。

（节选自《丰子恺文集·艺术卷二》）

中国画"三远法"的具体内容是：

平远：就是自近山而望远山，反映的是一种平视的境界，塑造的是"山随平视远"的那种艺术效果。元代赵孟頫的《水村图卷》，使用的便是平远法。作品高仅24.9厘米，横达120.5厘米，场景开展，描绘了沙渚村舍、渔舟出没、丘陵长堤、岸柳塘苇的江南清旷平远景象。

高远：就是"自山下仰山巅"，反映的是一种仰视所见的巍峨宏伟的山势。范宽的《溪山行旅图》就是以高远法的构图方法创作的成功之作。他的艺术特色，除了用笔雄强、坚实之外，还善于以仰视的手法，表现山峰的高远，正如赵孟頫所评："山势逼人。"

深远：就是"自山前而窥山后"。元末明初画家王蒙作《青卞隐居图》，作品纵141厘米、横42.2厘米，是以深远见胜的杰作。

活动一 自古文人墨客钟情于山的胸怀和博大，欣赏了如此壮美的名山之后，你能想到哪些关于山的诗句吗？请即兴吟诵。山的气质不仅滋养了文学作品的创作，也营造出绘画作品的意境。想一想，我们应该怎样表达出"山外有山"的意境与胸怀呢？

1-20-1

1-20-2

1-20-3

活动二 运用以上知识，欣赏体会中国山水画不同构图形式的美感。

1-20-4

1-20-5

活动三 请运用“三远法”分析下列三幅图。

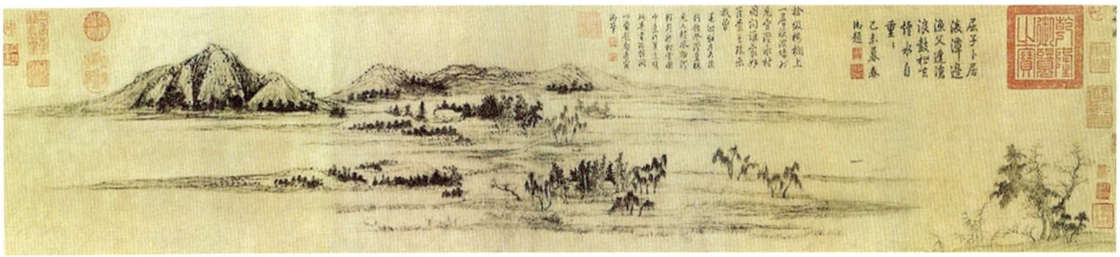

1-20-6

1-20-7

1-20-8

学习拓展

请尝试用简笔表现“山外有山”的意境。

学习指导及教学建议

“100课”所使用文字材料均选自丰子恺先生当年所写文章(其中《暑假》为其女所撰)。丰子恺先生所生活年代的语言文字使用习惯与我们当下有所不同，如“他”“它”不分，“一个蚂蚁”等表达需提醒学生留意。

为了更好地发挥“100”课对学校日常教学活动的促进和补充作用，编写组力求每一课所涉及的主题均与义务教育教科书有所呼应。下表所列为上册20课与1-3年级语文(人教版)和美术(浙江人民美术版)教材中内容的对应关系，其中“〔一上〕〔三下〕”即指一年级上册、三年级下册。教师或家长可根据实际情况不同，因人因时灵活选择使用。

课题	与国家教材衔接点	主要学习目标	实施学科
动物的歌	〔一上〕7.青蛙写诗，12.雪地里的小画家，14.小蜗牛； 〔一下〕课文5.小公鸡和小鸭子，14.要下雨了，17.动物王国开大会，识字与动物儿歌	初步感受《护生画集》作品特点及其主要思想	语文
庐山面目	〔二上〕8.古诗二首	初步学习《庐山游记》《庐山面目》等作品	语文
黄山印象	〔二上〕9.黄山奇石	初步学习《黄山松》《黄山印象》等作品	语文
柳	〔二下〕1.古诗二首	初步感受《护生画集》中杨柳枝的漫画及《杨柳》等作品	语文
胡桃云片	〔二下〕6.千人糕 〔二下〕13.画杨桃 〔三下〕12.一幅名扬中外的名画——清明上河图	初步学习《胡桃云片》	语文
有情世界	〔三上〕16.金色的草地(蒲公英童话)	通过对比阅读感受童话中不同的“蒲公英”形象	语文

续表

课题	与国家教材衔接点	主要学习目标	实施学科
敬礼	〔三下〕14.蜜蜂	感受“蜜蜂”“蚂蚁”小生命中的伟大精神	语文
暑假——父亲丰子恺轶事	〔三上〕第一单元口语交际：我的暑假生活	体会丰子恺亲情，感受丰子恺家庭教育思想	语文
理发师	〔三下〕19.剃头大师	初步学习《野外理发处》《理发师》	语文
画家笔下的童年玩具	〔一上〕12.秀秀我的理想 〔一下〕20.民间玩具 〔二上〕1.画家笔下的快乐童年 〔一下〕11.摹印纹理 〔二下〕16.夏天·线描画	了解丰子恺绘画中的儿童“玩具”，感受丰子恺美术作品中表现童年多种多样的快乐生活	美术
芥子园的趣味		了解《芥子园画传》对丰子恺等大师的影响，初步感受其艺术魅力及价值	美术
劳作者的歌	〔二下〕3.田园风光劳作（构图、色彩）；〔三下〕6.我们爱劳动（版画的方法表现）	了解丰子恺关于“构图美”“色彩美”“调子美”的理论	美术
山芋版画	〔二下〕10.纸版画人物。 〔三下〕5.生动的表情——创作一幅人物画	了解丰子恺“颜面”的构造理论；尝试用版画形式来表现丰子恺、李叔同、夏丏尊	美术
自己割了耳朵的画家	〔二下〕15.向日葵	了解梵高生平故事；通过造型表现练习，学习运用色彩的情绪表达	美术
动物故事画	〔二下〕17.可爱的猫咪	结合文字描写，运用各种表现方式描绘小动物	语文/美术
三原色	〔三上〕8.三原色和三间色	初步了解丰子恺论色彩的文字；培养对色彩的敏感度与兴趣	美术
画诗	〔三上〕9.四季歌	初步了解丰子恺关于赏析中国画的理论；欣赏丰子恺画作“诗中有画，画中有诗”的意境	美术
手指	〔二上〕2.动漫宝宝	阅读《手指》《花纸儿》，感受儿童生活情趣；尝试用拟人手法设计手指动漫形象。	美术
中国画中山的远近	〔三下〕18.山外有山	用水墨创作的手法表达“山外有山”的浓淡虚实与意境；感受山川的高远与深远	美术

参考答案

第1课　动物的歌（上）

学习活动

活动一：牛在柳树下休息；一只蚂蚁受伤了，另一只蚂蚁在救它；一只小羊跪着喝奶。

活动二：蝴蝶。蝴蝶说："快来看外面的风景，太美啦！"

母鸡和小鸡。小鸡们对小宝宝说："你看我们都是跟着妈妈自己走路，这么大的小宝贝了，也要自己走路了，否则妈妈太辛苦了。"

燕子对小姑娘说："春天来了，我要开始筑巢了，筑巢的泥土里带着花香，引来了蜜蜂，这真是一个神奇的季节啊。"

活动三：ACB

学习拓展

活动一：牛把自身各部位都贡献给了人类，如挤出的奶做成了牛奶，身上皮做成了皮带，身上的毛做成了刷子，等等。

牛被驱赶着耕地。

一位工人正在挤牛奶。

我的感受：牛是人类的朋友，为人类贡献了自己的方方面面。人们要爱护动物。

第2课　动物的歌（下）

学习活动

活动一：图一小老鼠们落入了诱捕老鼠的碗中，鼠妈妈奋不顾身地把小老鼠从碗中叼出来；图二小老鼠趁着夜深人静，爬上桌台，看到碗里剩下的粮食，拼命偷吃。图三小老鼠不小心被捕鼠夹里的食物引诱，关进了捕鼠夹，被人抓获。

活动二：第一幅：春江水暖鸭先知；第二幅：鹅鹅鹅，曲项向天歌；第三幅：两岸猿声啼不住，轻舟已过万重山。

活动三：一天，小明看到爸爸要杀鸡，小明觉得太残忍了，于是哭着求爸爸放了这只鸡。小明把鸡放生在寺院，偶尔去看看，鸡们生活得很幸福。过了一段时间再去看，这只鸡已经生下一窝小鸡，它正把啄来的食物让给小鸡们吃。

学习拓展

活动一：图画中的小动物们都懂得感恩，图一的小羊看到有人要杀羊妈妈，正跪着乞求饶羊妈妈的命。

图二中狗，看到主人落水，义无反顾跳进去救人。

图三中马，看到主人跌落山崖，跪在地上要把主人拉上来。虽然很费劲，但它仍旧坚持。

可见这三个小动物都有感恩之心，对自己有过养育之恩的人懂得报恩，尤其是在生死关头更要懂得报恩。

第3课　庐山面目

学习活动

活动一：写了古木、绿荫、白云、山峦、云海等景物。

活动二：云从窗里出。

学习拓展

活动一：写出了庐山海拔高、山上气压低的特点。

第4课　黄山印象

学习活动

活动一：从黄山松枝条具有异常强大的团结力和蒲团松奇特造型来写出黄山奇松的“奇”。

活动二：作者先写团结松枝条的长势特点，接着写作者想象它们初生时状态，再写作者摸了摸团结松枝条感受到很有团结力。

学习拓展

活动一：会当凌绝顶，一览众山小。此句写的是泰山。写山的诗句还有“不识庐山真面目，只缘身在此山中”。

活动二：言之有理即可。如壮丽的黄山，因为第一段中写看黄山要俯瞰，可以看到形态各异的群山山峰，这幅景象应该是雄壮美丽的。

活动三：略

第5课　柳

学习活动

活动一：作者借杨柳下垂的特点告诉人们不忘根本的做人道理。

活动二：【示例】

有意栽花花不发，无心插柳柳成荫。小河边，柳树随处可见。扯下枝条，随手一插，便活了。和那些温室里的花朵完全不一样的景象。柳树就是这样一种好养活的植物，不像温室花朵必须有适宜的温度、水分、空气、阳光，差一分一毫都不容易成活。杨柳容易成活、生命旺盛，只要随手一插就能绿柳成荫。

学习拓展

活动一：四幅图片的主体对象都是柳树，画面中呈现了人们喜欢种柳树、观赏柳树的景象。

活动二：配图略

第6课　胡桃云片

学习活动

活动一：

名称	产地	材料	做法	味道
胡桃云片	松江	云片（米粉）、胡桃肉	把一块一块的胡桃肉装入米粉里，做成一段长方柱形，然后用刀切成薄薄的片。	糕片和胡桃肉混在一起的味道

活动二：略

学习拓展

活动一：后开蟹斗、剥蟹肉、积在蟹斗

活动二：不一样。第一个“滋味”的意思是吃蟹肉的味道很好；第二个“滋味”是比喻某种感受的意思，意思是父亲去世了，失去了曾经一家人幸福生活的感受。

第7课　有情世界

学习活动

活动一：蒲公英叫阿因不要拉它们的手；松树听到阿因叫大家来吃东西笑起来了；杜鹃花叫白云不要遮住月亮姐姐，为阿因野餐照亮路。

活动二：【示例】我最喜欢蒲公英，因为这里的蒲公英像个可爱的小朋友一样，让小朋友换位思考角度，写出了花草也有生命，让大家感受到要爱护花草。

活动三：有情第一个表现在月亮、蒲公英、松树、杜鹃花等都具有人的情态，第二个有情表现在这些山中景物在阿因夜游的过程中处处或帮助他、或与他玩耍，充满了爱。

学习拓展

活动一：略

第8课　敬礼

学习活动

活动一：深感抱歉和不安——为自己开脱，认为蚂蚁是咎由自取——想捻死，终又不忍——认为不关自己的事，漠然置之——羞愧，敬仰。

活动二：因为作者看到蚂蚁虽小但也有互助友爱的行为，由此想到小动物的生命与人的生命是平等的。

学习拓展

活动一：

【示例】蚂蚁搬家

夏日的傍晚，我走过院子，看到弟弟正从家里往路上搬凳子。我偷偷跟在弟弟身后一探究竟。只见他把一张张凳子摆得弯弯曲曲的，像是一条弯来弯去的小河。姐姐一脸疑惑地询问弟弟怎么回事。弟弟轻轻地拉过姐姐说："小心，蚂蚁们正在搬家，别踩到他们。"姐姐低头一看，凳子底下有两条细细长长的黑线。蹲下身来仔细瞅，蚂蚁们排着长队、驮着食物正在大部队前进。其中一只蚂蚁特别奇怪，爬得比别的蚂蚁要慢得多，用放大镜一看，原来有一条腿折断了，身边的另一只蚂蚁正在拉着他一起爬行，就像搀扶着人走路一样。弟弟说："姐姐，蚂蚁们太弱小了。人们走路的时候看不到它们，以至于一不小心就踩到它们，或死或伤。我想把凳子排起来，这样路过的人们就知道这里不能踩踏，小蚂蚁们就不会因此受伤了。"姐姐听了后，会心地笑了，夸弟弟真是一个有爱心的好孩子。

第9课　暑假——父亲丰子恺轶事

学习活动

活动一：组织我们到近郊去做"跟踪追击"的游戏——与我们一起阅读——让我们练笔

活动二："不觉"是情不自禁、不由自主的意思，写出了父亲与孩子一起阅读，把关键性内容特意指出来，把阅读中的感受与孩子分享，同时对孩子来说，边读边思考的方法有潜移默化的影响。"会心"是领悟于心的意思，说明孩子们也明白父亲的用意，领会理解了文章内容。

可见父亲和蔼可亲，能理解孩子。

活动三：喜欢。文中的父亲会陪孩子玩，懂孩子的心，会陪孩子学习，陪孩子一起长大。

学习拓展

活动一：

【示例】1-9-1：一个悠闲的午后，十二岁的姐姐正在椅子上看报，这时五岁的弟弟气喘吁吁地跑过来，看上去是玩累了。姐姐连忙招呼弟弟过来，一把抱起弟弟，坐在椅子上拍着弟弟的肩膀哄他入睡。不一会儿，可爱的弟弟便睡着了。

第10课　理发师

学习活动

活动一：请客人端坐——用白布包裹全身——给剃头者抹上水和肥皂——把客人的头旋左旋右剃头

活动二：配图略

学习拓展

活动一：【示例】1-10-1：

理发师

凭君妙手造容颜，老汉还成美少年。

面目一新心地好，不须搔首问青天。

第11课　画家笔下的童年

学习活动

活动一：大人的鞋子、包包、拐杖、凳子、荷叶、跷跷板等都能成为童年的玩具，取之于自然，取之于生活，从这些画里能感受到画家童年生活的闲适、有趣、温暖。

活动二：

示例：有一种“马儿”不用吃草，只要喂他蛋糕就可以了，你相信吗？今天，我们模仿了丰子恺先生画里的场景，一位同学弓着身子低下头，抱住前面一位同学的腰，两人合二为一的造型好像一匹“大马”呀！我们牵着“马儿”四处溜达，“马儿”累了不肯走，我们就喂他一个小蛋糕，真是太有趣了！在没有任何玩具的时候，我们也可以自己想出很多好玩的法子来，只要拥有一颗童真的心，什么都可以变得好玩！

学习拓展

略

第12课　芥子园的趣味

学习活动

活动一:《芥子园画传》中的作品抓住了植物的主要特征，有选择，有取舍，描绘得很细致，也注重构图的美感。

活动二：略

活动三：

临摹范作：可以研究松枝或松针的局部细节（下图左），也可以尝试比较完整的松树枝叶组合（下图右）。

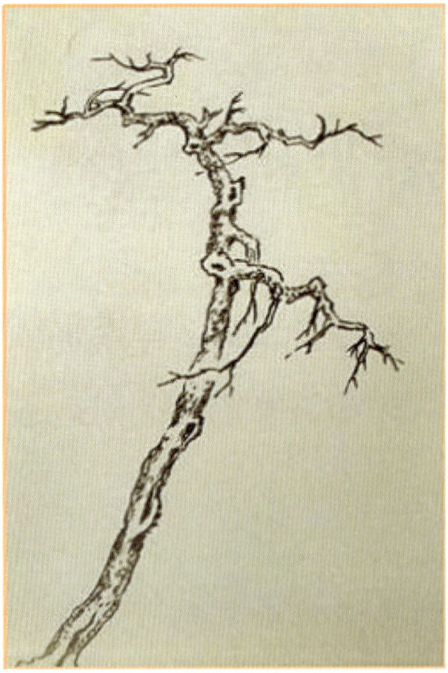

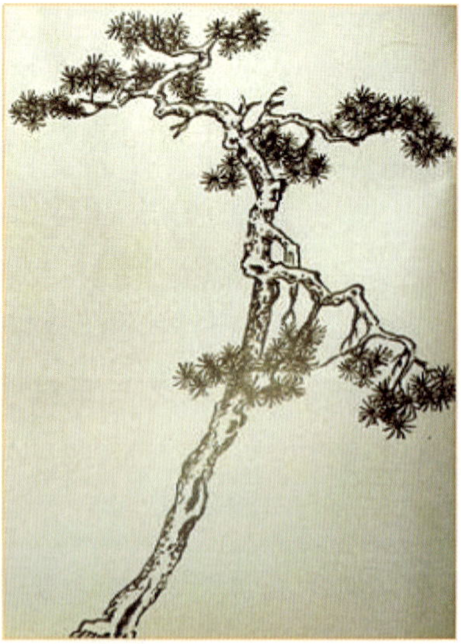

学习拓展

丰子恺先生漫画中的柳树和《芥子园画传》中的柳树非常相似，丰先生一定是把《芥子园画传》当作自己的学习范本，临摹过很多次。其他作品里也能找到与《芥子园画传》中相似的植物（如下图）。

芭蕉

菊花

第13课 劳作者的歌

学习活动

活动一：可以从画面的光影、线条、色彩、构图等角度说出感受。

活动二：这三件摄影作品构图：画面分割恰到好处，都是斜向下方的俯视角度，很好地展现出田园之美。图1-13-1左侧大面积人工开垦的梯田线条流畅，排列整齐，很有秩序感。图1-13-2采用了对角线分割的构图方式，广袤的田地一直延伸到远方的地平线。图1-13-3采用广角镜头拍摄，接近左右对称的构图，很让人震撼。蜿蜒小河流和纵横交错的分割线，也展现了田园风光的线条之美。

学习拓展

活动一：画面的空间分割很有美感；画面中的每一件物体的位置都比较合适。如《播种者》中的人物处在画面的黄金分割点上；《拾穗者》中的人物动作，两人弯腰，第三人相对直立等。这些造型和位置都是画家有意识的安排，也就是所谓的构图。

活动二：模仿人物动作，注意细节到位；简笔画动作，要表现出与直立的动作相比身体各部分发生的变化。

示例（如下图）

第14课　山芋版画

学习活动

活动一：能专注体验制作的全过程；图案简单一点（左图），可以用不同颜色的油墨（中图）或不同颜色的纸张（右图）。

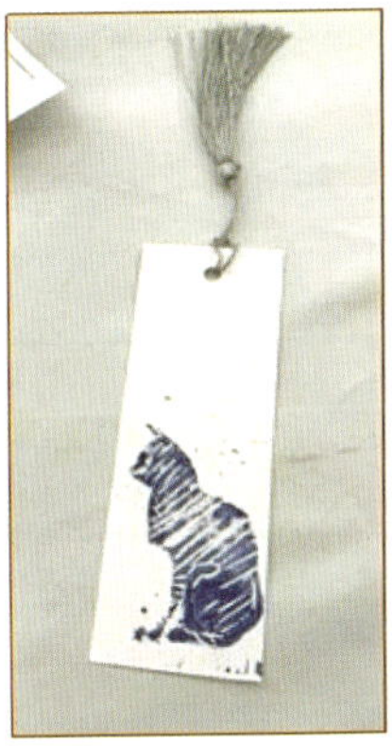

活动二：描绘表情时，要注意五官发生了哪些有趣的变化。

学习拓展

活动一：熟悉版画制作的基本步骤：设计画稿——雕刻——印刷；参考作品：专业版画人物肖像（左图）、儿童创作的版画（右图）。

第15课　自己割了耳朵的画家

学习活动

活动一：梵高很爱画画；梵高爱画向日葵；梵高很疯狂；梵高的身世很

坎坷；梵高的作品很有特色；梵高的绘画成就很高；梵高是一位了不起的画家等。

活动二：暖色调，黄色橙色系列（类似下图）

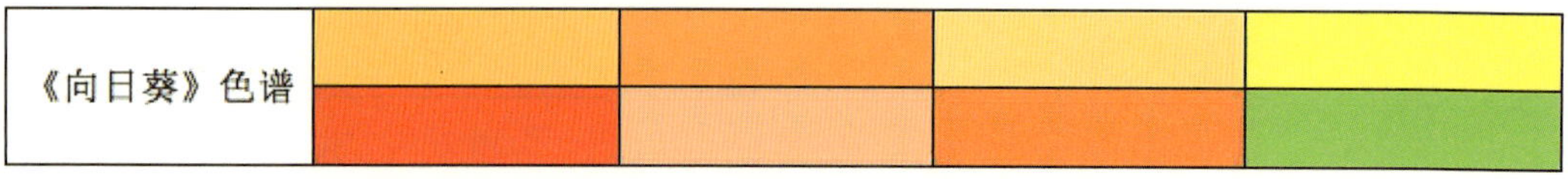

活动三：向日葵的基本造型，色彩的选择搭配（如下图）

学习拓展

活动一：梵高很爱画画；梵高画了很多的自画像；梵高很有个性；梵高的笔触很大胆；梵高的作品很有特色；梵高很喜欢画四分之三侧面的角度；梵高的绘画成就很高；梵高是一位了不起的画家等。

第16课　动物故事画

学习活动

活动一：描写出小猫的有趣和丰子恺先生爱猫的感觉。示例：安安静静的教室里，丰子恺先生正在给同学们讲课，忽然响起了“当当——当当——”的铃声。还没有到下课的时间啊，怎么回事？同学们循声望去，原来是丰子恺先生的宠物小白猫跳到了窗台上，在拉绳子呢！小猫一定是想让大家早点下课，因为她想和她的主人丰子恺先生玩耍了呢！

活动二：【示例】

学习拓展

活动一：1.画出鹅的特征；2.画出白鹅步调从容、大摇大摆的高傲样子。（如下图）

活动二：鹰——潘天寿；马——徐悲鸿；虾——齐白石；驴——黄胄。

第17课　三原色

学习活动

活动一：拟标题，与“三原色”“色彩”相关的皆可；涂色注意“三原色”“三间色”位置关系正确。

活动二：丰子恺漫画作品里的设色面积一般不大，色彩以红、黄、蓝为主，辅之以橙、绿、紫，恰到好处地运用了“三原色”和“三间色”，并且有意将“三原色”“三间色”降低了色彩的纯度，更加显得雅致，画面简单、纯净，意境悠远。

学习拓展

活动一：熟知“三原色”“三间色”，在作品中合理运用“三原色”“三间色”。示例：图左：装饰性；图中右：写实性，均可。

第18课　画诗

学习活动

活动一：诗句是：落红不是无情物，化作春泥更护花。出自清代诗人龚自珍的《已亥杂诗》，全诗是：浩荡离愁白日斜，吟鞭东指即天涯。落红不是无情物，化作春泥更护花。

丰子恺先生用漫画的手法表现风景，落花纷纷绝不是无情飘洒，为的是化作春泥培育出更多的新花。诗人借花抒情，表达自己积极向上的人生态度。

活动二：图1-18-4画中诗句为：借问过墙双蛱蝶，春光今在阿谁家。出自清代女诗人汪宜秋《偶吟》，全诗为：风飘柳絮雨飘花，多少新愁上碧纱。借问过墙双蛱蝶，春光今在阿谁家？

图1-18-5画中诗句为：春城无处不飞花。出自唐代诗人韩翃所作《寒食》，全诗为：春城无处不飞花，寒食东风御柳斜。日暮汉宫传蜡烛，轻烟散入五侯家。

图1-18-6画中诗句为：吾徒胡为纵此乐，暴殄天物圣所哀。出自唐代诗人杜甫《又观打鱼》。全诗最后一节为：干戈兵革斗未止，凤凰麒麟安在哉？吾徒胡为纵此乐，暴殄天物圣所哀！

活动三：

图1-18-7对应：清代高鼎《无题》，题签：垂髫村女依依说，燕子今朝又作窠。

图1-18-8对应：清代吕霜《无题》，题签：衔泥带得落花归。

图1-18-9对应：宋代宋祁《锦缠道·燕子呢喃》，题签：翠拂行人首。

学习拓展

示例：泉眼无声惜细流，树荫照水爱晴柔。小荷才露尖尖角，早有蜻蜓立上头。

第19课　手指

学习活动

活动一：

1.轻松印下清晰的手指印；2.添加五官、四肢，表现表情、动作。示例：

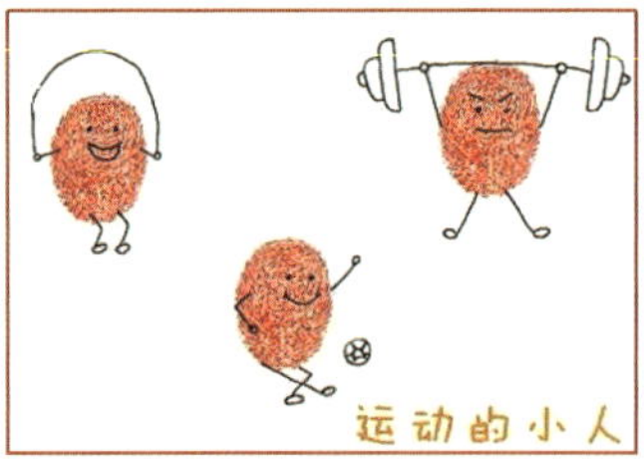

活动二：

1.能结合文章，发现每个手指的形象和语言特点；2.用漫画的形式表现。示例：

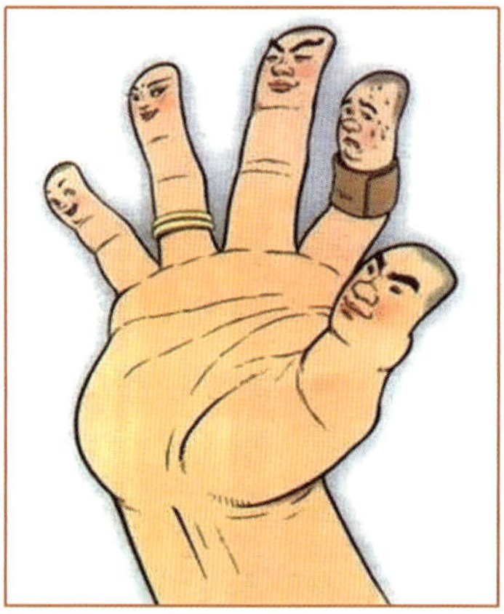

学习拓展

略

第20课　中国画中山的远近

学习活动

活动一

描写山势壮美的诗句：

会当临绝顶，一览众山小。——杜甫

横看成岭侧成峰，远近高低各不同。不识庐山真面目，只缘身在此山中。——苏轼

若想要表现出山外有山的意境和胸怀，就要设法在画面中营造出山的“高”“深”与“远”，让人感觉到山势的高耸巍峨，山脉的绵延不绝，山峰的层峦叠嶂。这种高、深、远的感觉，就是大山的意境与胸怀。

活动二

图1-20-4是左开右合式，左右顾盼，相背得宜，左收右放，山渐开而势转，一起一伏，山欲动而势长。图1-20-5是中国画中的长卷式山水，画面辽阔，给人以“万千气象，尽收眼底”之感。运用“散点透视”，可把仰视、俯视、平视、远视、近景完美地结合在一起，表现出“咫尺千里”的辽阔境界。

活动三

图1-20-6作品是元代赵孟頫的《水村图卷》，运用了“平远法”，自近山而望远山，塑造“山随平视远”的艺术效果。

图1-20-7作品是范宽的《溪山行旅图》，运用了“高远法”，自山下仰山巅，塑造一种仰视所见的巍峨宏伟的山势。

图1-20-8作品是王蒙的《青卞隐居图》，运用了“深远法”，自山前而窥山后，塑造了极其深远的感觉。

学习拓展

1. 简笔表现；2.“三远法”的构图形式均可。

示例：